Jean Rousseau

Foi et certitudes

Jean Rousseau

Foi et certitudes

Les religions à l'usure du temps

Éditions Croix du Salut

Impressum / Mentions légales
Bibliografische Information der Deutschen Nationalbibliothek: Die Deutsche Nationalbibliothek verzeichnet diese Publikation in der Deutschen Nationalbibliografie; detaillierte bibliografische Daten sind im Internet über http://dnb.d-nb.de abrufbar.
Alle in diesem Buch genannten Marken und Produktnamen unterliegen warenzeichen-, marken- oder patentrechtlichem Schutz bzw. sind Warenzeichen oder eingetragene Warenzeichen der jeweiligen Inhaber. Die Wiedergabe von Marken, Produktnamen, Gebrauchsnamen, Handelsnamen, Warenbezeichnungen u.s.w. in diesem Werk berechtigt auch ohne besondere Kennzeichnung nicht zu der Annahme, dass solche Namen im Sinne der Warenzeichen- und Markenschutzgesetzgebung als frei zu betrachten wären und daher von jedermann benutzt werden dürften.

Information bibliographique publiée par la Deutsche Nationalbibliothek: La Deutsche Nationalbibliothek inscrit cette publication à la Deutsche Nationalbibliografie; des données bibliographiques détaillées sont disponibles sur internet à l'adresse http://dnb.d-nb.de.
Toutes marques et noms de produits mentionnés dans ce livre demeurent sous la protection des marques, des marques déposées et des brevets, et sont des marques ou des marques déposées de leurs détenteurs respectifs. L'utilisation des marques, noms de produits, noms communs, noms commerciaux, descriptions de produits, etc, même sans qu'ils soient mentionnés de façon particulière dans ce livre ne signifie en aucune façon que ces noms peuvent être utilisés sans restriction à l'égard de la législation pour la protection des marques et des marques déposées et pourraient donc être utilisés par quiconque.

Coverbild / Photo de couverture: www.ingimage.com

Verlag / Editeur:
Éditions Croix du Salut
ist ein Imprint der / est une marque déposée de
OmniScriptum GmbH & Co. KG
Heinrich-Böcking-Str. 6-8, 66121 Saarbrücken, Deutschland / Allemagne
Email: info@editions-croix.com

Herstellung: siehe letzte Seite /
Impression: voir la dernière page
ISBN: 978-3-8416-9938-1

Copyright / Droit d'auteur © 2015 OmniScriptum GmbH & Co. KG
Alle Rechte vorbehalten. / Tous droits réservés. Saarbrücken 2015

Jean Rousseau

Foi et certitudes
Les religions à l'usure du temps

Préface de
S. Kamba Katchelewa, Ph.D. en Philosophie de
l'Université de Montréal

PRÉFACE

Lecture analytique et critique des pratiques contemporaines de la foi, du christianisme au bouddhisme en passant par l'Islam, ce livre est une œuvre qui s'est tissée sous nos yeux. Tout cet ensemble a pu prendre forme, au fur et à mesure, à partir des articles et éditoriaux que les lecteurs et lectrices de la revue *Vents croisés* ont pu apprécier au cours de la dernière décennie.

Il n'empêche que sont nombreux parmi nous, compagnons de rédaction ou lecteurs/lectrices, ceux et celles qui, en lisant ce livre, garderont le sentiment que Jean Rousseau nous dissimulait le meilleur de sa pensée. Une part non négligeable de l'écrit est constituée de résultats inédits de recherches profondes; à chaque article que nous avions déjà publié s'est ajouté une précision, une image, une intuition profonde. Les voiles ont continué d'être levés pour laisser éclore d'imposantes lumières. Aussi cette œuvre se démarque-t-elle par son sens fort critique autant qu'elle nous apporte une bonne nouvelle.

Pour commencer par la fin, disons que la bonne nouvelle, c'est la foi véritable, épanouissante dont le livre nous indique la possibilité. Il y a dans ce livre comme un appel vers la lumière. La foi véritable est autre chose qu'une corde au cou. Elle est synonyme de liberté. L'écrit nous pousse à la rencontre de la foi qui ferait véritablement de nous la « lumière des Nations », c'est-à-dire des hommes et des femmes qui sachent voir dans d'autres hommes et femmes la beauté et le reflet d'une Lumière dont l'origine nous dépasse.

Quant à l'effort critique, préalable pour comprendre le mystère de la vraie foi, il vise particulièrement les pouvoirs qui vont jusqu'à instrumentaliser le divin. De nombreux pouvoirs ont pris d'assaut le monde religieux. Ils y ont implanté des modes de croyance malsains dont l'humaine condition constitue le terreau fertile.

Certes, notre vie est pleine de certitudes. Avec nos yeux d'êtres rationnels, nous la percevons comme un programme qu'il nous suffit de remodeler étant donné le pouvoir de notre intelligence. Bien souvent, elle incarne l'espoir pour une humanité confiante dans ses capacités à s'améliorer toujours davantage. Pourtant, la misère humaine ne fait que s'étendre, donnant lieu malgré tout à des incertitudes.

Autrement dit, malgré toutes nos fausses assurances, la vie nous apparaît d'autres fois comme une réalité absurde d'une condition humaine faite pour rien. Elle se révèle, à certains égards, déconcertante, donnant en spectacle les insuffisances, les limitations, les incertitudes et les angoisses. Et comment ne pas prendre en considération le spectacle des incertitudes qui, à bien lire Jean Rousseau, se trouvent plus souvent à la source de la misère spirituelle du monde? Les incertitudes jettent les hommes et les femmes dans les bras des censeurs de la foi, créent les conditions propices à des choix d'auto-aliénation.

L'aliénation, c'est à cela que mènent dans beaucoup de cas les confessions que dominent des jeux de pouvoir. Elle est le lot des créatures désespérées dont la religion devient le dernier refuge, à travers des églises au sein desquelles Dieu n'existe parfois que comme une idée abstraite.

Nous n'avons donc d'autre choix que de remettre en question un grand nombre de fondements de nos croyances.

C'est à cela que Jean Rousseau nous invite, même si la tâche n'est pas de tout repos, surtout lorsque l'on a grandi –ce qui est mon cas– dans un environnement où l'éthique sociale n'a d'autre base que la morale chrétienne? Je suis presque convaincu qu'en lisant les textes réunis sous ce volume un musulman ressentira autant que l'auteur l'urgence d'un auto-questionnement. En fait, ce sont toutes nos sociétés qui sont confrontées à des questionnements sérieux à la lecture de ce livre puisque, même loin des pouvoirs cléricaux, nous sommes tous candidats à l'aliénation par la foi : foi dans un Dieu au goût des pouvoirs, foi dans les illusions de sécurité et de confort, foi dans les appartenances, etc.

À bien interpréter cet ouvrage, le Dieu qui rassure, l'UN, est loin de se trouver cloîtré dans les enceintes des presbytères ou des mosquées. Il séjourne encore moins dans les écrits ternes de la «parole révélée» telle qu'elle est souvent répandue. Et ce dans la mesure où il nous est possible de substituer à celle-ci nos propres représentations du divin, d'imposer la compréhension du Dieu qui serait à notre service, comme celui que les Bush ont créé et mis aux commandes de la guerre en Irak.

Quand les ressortissants des pays du sud immigrent dans les pays du nord, il leur faut du temps pour s'habituer à plusieurs autres formes de religions dans lesquelles s'aliènent nos peuples de l'hémisphère nord. Au Dieu d'Abraham, de Jacob et d'Isaac, se sont substitués des dieux à portée d'hommes, fondements de nouvelles religions. La religion de la sécurité en est une, véhiculée non seulement par les élites politiques mais aussi par des citoyens atomisés et narcissiques et surtout acquis à l'impératif moral de « préserver tout ce qui nous protège ».

La nature a horreur du vide, nous dit-on, souvent pour justifier les différentes idéologies y compris celles dont la planète n'est guère près d'oublier les effets dévastateurs. À ce titre, la personne humaine n'a pas à se sortir du confort si elle en a déjà un. Mieux vaut la certitude des déséquilibres connus qu'un idéal de paix dont on ne peut assurer l'avènement. Tout cela vise à nous faire comprendre que l'incertitude n'est pas le propre de l'homme comme le serait le fait d'aimer, de travailler pour vivre, de regretter la perte de ce que l'on aime, etc.

Et c'est là que, selon Jean Rousseau, des chefs religieux, des politiciens, le cartel médico-pharmaceutique, les complexes militaro-industriels font leur nid, au point de commercialiser la denrée peur et, là où elle n'existe pas, de la fabriquer.

La remise en question de nos croyances est de mise autant qu'un tournant décisif dans nos modes de penser devient une nécessité.

Dans ses réflexions sur les sources de la philosophie et de la religion, Miguel de Unamuno, critique littéraire et philosophe espagnol du début du 20ème siècle, croyait projeter suffisamment de lumières sur des attentes que des humains, en chair et en os, auraient développées à l'égard de ces disciplines[1].

La philosophie, disait-il, *se convertit volontiers et souvent en une sorte de proxénétisme, spirituel si l'on veut. D'autres fois, en opium pour endormir les chagrins.* À la simple idée d'avoir à m'arracher à la vie, je m'agrippe à Dieu ou à ce qui l'évoque le mieux, ou par défaut, pour moi, *pour qu'Il me porte dans ses bras au-delà de la mort.* Un sentiment tragique de la vie serait ce qui pousse un grand nombre de femmes et d'hommes vers la religion. Et, malheureusement, dans de nombreux cadres religieux, la perfection évangélique ne consiste qu'à exploiter cette faiblesse au lieu d'y remédier.

Mais il n'y a pas qu'exploitation et jeux de pouvoir. Le culte en église, animé de bonnes intentions, ne risque pas

---

[1] *Le sentiment tragique de la vie.* Gallimard, 1937, 43 et ss. ; 52 et ss.

moins d'« asservir ». En lisant Jean Rousseau, tout comme Emmet Fox dans *Le Sermon sur la montagne*, on comprend que la pédagogie des Évangiles aurait dû évoluer depuis très longtemps ou alors être forcée par les fidèles à évoluer.

La religion n'a pas à asservir mais à « libérer »; elle ne doit pas écraser de peur les adeptes, mais leur enseigner les Béatitudes qui sont la synthèse du message que Jésus, Le plus grand de notre civilisation, a tenu à léguer à ses « semblables ». Jésus les a vécues « plus qu'il ne les a prononcées». C'était sa façon d'accomplir la Loi et les prophéties. La religion se doit d'être une planche de salut pour l'être en quête de soi plutôt qu'un film d'horreur où apparaît régulièrement comme maître de scène un Dieu à la ressemblance des hommes et qui gouvernerait notre univers, selon l'expression de Fox, *«comme un prince ignorant et barbare dirigerait les affaires d'un petit royaume d'Orient [avec] toutes sortes de faiblesses humaines, telles que la vanité, l'inconstance et la rancune»*.

Comment mène-t-on donc les hommes à leur salut ? Il suffit de ne pas les infantiliser mais de les inciter à l'écoute inconditionnelle de l'Esprit là où le dogme ne suffit plus; faire sa place à l'incertitude et laisser la foi se bâtir sur ce qui ne peut être défini. Il s'agit surtout de donner préséance à un cadre dans lequel s'épanouit la confiance.

Jean Rousseau a certainement beaucoup à dire sur les religions et leurs monuments dont nombreux sont tombés en ruine pendant que d'autres s'élèvent chaque jour. Les prochaines publications nous en diront certainement davantage.

Quant à notre certitude face à ce monde dont nous croyons finir par posséder la maîtrise, il nous rappelle que nous ne pouvons le servir, le faire exister que si nous renonçons à le posséder, selon le prédominant esprit masculin. L'expert ne sauvera pas le monde. À moins d'apprendre à écouter la voix des plus pauvres, il risque de vouloir jouer un rôle dans un monde qui ne sera plus.

Ce qui rappelle également l'anecdote de ce pauvre laboureur mort dans un lit d'hôpital et dont Miguel de Unamuno nous rappelle le récit : *lorsque le prêtre vint lui faire sur les mains les onctions des derniers sacrements, il se refusa à ouvrir la main droite serrée sur quelques pièces de monnaie toutes sales, sans se rendre compte que dans un instant sa main ni lui-même ne seraient plus à lui.*

De la même façon, nous sommes constamment tentés de contracter le cœur, voulant saisir le monde comme si nous pouvions en arrêter la drainée. Au lieu de tout simplement ouvrir nos mains et notre cœur pour accueillir en toute simplicité ce qui nous est donné, gratuitement.

S. K. Katchelewa, Novembre 2014.

Introduction

Dans un monde de plus en plus déboussolé, marquer une présence, c'est parier de sortir du « prêt à penser » que diffuse la majorité des médias; c'est s'engager, au risque de choquer la bonne pensée, à proposer « d'autres regards sur notre temps ». C'est là le mot d'ordre de la revue *Vents croisés*, publiée depuis 2003 au rythme de trois numéros par an, dont émane la plupart de textes réunis dans ce volume. Bien entendu, ce mot d'ordre –poser des regards autres sur notre temps –appelle à des regards multiples projetés à partir des conditions sociales vécues. Ceux de *Vents croisés* proviennent la plupart du temps de Néo-Québécois immergés dans le milieu culturel québécois.

Ces Néo-Québécois, en majorité issus des pays du sud de la planète, avaient été rejoints par une série d'émissions radiophoniques que j'avais animées en l'an 2000 sur le thème de la « Résurrection du Féminin ». Ils y avaient retrouvé les valeurs de leurs cultures d'origine, valeurs mises à mal dans le *melting pot* nord américain où domine l'esprit masculin.

Les « autres regards » portent entre autres sur les religions, ce qui ne fait pas de la revue une publication religieuse. V*ents croisés* est demeuré un lieu d'expression et de rencontre d'esprits en quête de sens.

Le Québec, en particulier, s'est affranchi très rapidement, il y a une cinquantaine d'années, du joug d'un pouvoir religieux qui dominait le paysage politique et culturel. Mais les traumatismes dus au passé demeurent pour environ deux générations de Québécois et Québécoises, disons les 25 à 70 ans. Ce qui ne les empêche pas de vivre tout naturellement, souvent à leur insu, des valeurs chrétiennes, à condition que l'on ne parle pas de religion, quelle qu'elle soit. Chez les plus jeunes, c'est l'ignorance qui domine et le désintérêt total.

Pour les Canadiens-français, la Religion c'est essentiellement l'Église Catholique Romaine, les autres dénominations chrétiennes étant majoritairement anglophones. L'*Aggiornamento* prescrit par le Concile Vatican II s'est fait rapidement, trop vite peut-être, mais trop tard pour sauver une institution en perte de sens. Trop vite surtout pour faire comprendre au peuple chrétien qu'il s'agissait de changer les cœurs plutôt que les structures. Trop vite enfin pour éduquer les fidèles à l'exercice de la Liberté, une liberté qu'une bonne part de l'*establishment* religieux n'avait nullement l'intention de leur accorder.

C'est dans ce contexte que *Vents croisés* s'est aventuré à jeter un nouveau regard sur les religions. Il apparaît que son approche, plus respectueuse des personnes que des structures, a permis à son message de ne pas être rejeté et de contribuer à commencer à remettre les horloges à l'heure. C'est Shimbi Katchelewa, son rédacteur en chef, qui a eu l'idée de réunir dans un livre certains de ces textes, pensant que le Québec pouvait présenter des similitudes avec d'autres contextes culturels.

Il va de soi, cette prise de parole se veut héritière de conditions nouvelles.

La libération de 1960 a eu des effets bénéfiques. En particulier l'intouchable ne l'est plus et l'on peut faire un examen de conscience de notre Église sans se faire excommunier ou traiter de « vilain oiseau qui salit son nid »! On retrouve ainsi, au moins partiellement, le souffle de la primitive Église qui n'avait pas cru bon de chercher à dissimuler les faiblesses temporaires de Pierre et de Paul, ceux qui sont devenus ses piliers.

Cinquante ans plus tard cette attitude de recherche de la vérité est endossée par l'Institution romaine. Dans sa méditation au cours de la messe du 5 septembre 2014, célébrée dans la chapelle de la Villa Sainte-Marthe, le pape François déclarait: « L'Église nous demande à tous certains changements. Elle nous demande de laisser de côté les structures caduques ». Puis, il a évoqué Jésus qui fait des reproches aux docteurs de la Loi, les blâmant de ne pas avoir protégé le peuple avec la Loi, mais de l'avoir rendu esclave de tant de petites lois, à l'inverse de la Liberté, de la Nouveauté et de la Joie qu'il était venu apporter.

Ces conditions nouvelles dans l'Église Catholique Romaine surviennent alors que la science quantique depuis quelques décennies remet en cause la prétendue objectivité scientifique et admet que la Vérité, même scientifique a des visages multiples selon les divers individus et l'évolution de ces personnes avec le temps.

Place donc à la pensée nouvelle, même si l'idée de voir autrement les choses n'a rien de nouveau. Déjà, il y a deux millénaires, l'apôtre Paul exhortait les Romains à renouveler leur façon de penser (Rom. 12, 2). Si on prend le temps d'y réfléchir, il s'agit d'une évidence car la Réalité est Vie, elle est changeante. Une pensée figée risque très rapidement d'être coupée de la Réalité.

Depuis quelques millénaires le monde est devenu progressivement de plus en plus dominé par le règne de la Raison, fruit du lobe gauche, masculin, du cerveau. L'intuition, le ressenti, rattachés au lobe féminin, ont perdu leur droit d'antidote aux excès d'une rationalité exclusive. Comme nous y invitait Graf Dürckheim il y a plus de quarante ans: « *Il faut libérer les forces émancipatrices du Féminin* ». Notre époque semble favorable pour une telle évolution, mais elle ne se fera pas d'elle-même. Saurons-nous enfin saisir l'occasion offerte? Les peuples du sud de la planète sont moins esclaves de leur raison que les Occidentaux. Ces derniers auront-ils l'humilité de se mettre à l'écoute de leurs frères et sœurs du Sud pour conjointement inventer le monde de demain?

Parfois ce n'est pas la pensée qui a besoin d'être renouvelée mais simplement sa formulation qui n'est pas ou plus comprise et qui bloque la force du message évangélique, lui-même atrophié, voire biaisé, par des traductions successives. Il ne suffit pas par exemple de remettre à l'honneur les textes de la Bible hébraïque. Il convient de redonner à ces textes leur force et leurs significations possibles multiples.

Renouveler notre façon de penser c'est aussi revaloriser la parole des mystiques. Les scientifiques modernes reconnaissent que des études et des recherches colossales leur ont fait découvrir ce que les mystiques savent, par d'autres moyens, depuis des siècles, voire des millénaires ... et que les religions ont ignoré ou oublié au fil des ans.

Démarche proposée

Une première partie du livre regroupe des textes traitant des peurs et des incertitudes qui paralysent notre monde et en particulier les institutions religieuses. Une seconde partie s'étend sur d'autres faiblesses des religions. Leur soif de pouvoir est entre autres évoquée. Enfin la dernière partie explore des pistes d'évolution dont certaines ont déjà été essayées avec un certain succès. Elle inclut aussi des textes qui ont été diffusés dans des médias religieux, des causeries ou émissions radiophoniques. Il s'agit principalement des chapitres les plus longs qui figurent dans la troisième partie de l'ouvrage.

Du fait que certains de ces écrits ont paru dans la revue il y a déjà une dizaine d'années, certains d'entre eux ont fait l'objet de mises à jour rapides, trop rapides peut-être pour éviter quelques redites d'un texte à l'autre.

Foi et certitude

Certaines personnes situent leur Foi là où s'arrêtent leurs certitudes humaines, Dieu venant commodément combler les lacunes de nos connaissances. Pour moi la Foi est une certitude. Non pas la certitude d'un avenir prévu et défini, mais une certitude d'un avenir possible. Dans la symbolique du premier récit de création de la Genèse, le premier mot que le Dieu du récit dit à ses nouvelles créatures humaines, c'est: « *Croissez* ». C'est un appel à être, à devenir à l'image de Dieu. Le but n'est pas défini, il ne le sera jamais car ce serait définir l'inconnaissable. Une des graves erreurs du Christianisme a été de présenter ce texte comme parlant d'une Création achevée. Quand ma fille obstétricienne déclare après examen qu'un nouveau-né est parfait, cela ne signifie nullement qu'il a atteint et épanoui son plein potentiel humain. Le But est le Chemin, et les erreurs font partie de la croissance comme pour l'enfant qui apprend de chacune de ses chutes.

Pour moi l'appel demeure, « Croissez » et c'est un appel amoureux. Les savants modernes sont de plus en plus amenés à croire que la Source de toute Vie et de toute création est essentiellement une énergie d'Amour à l'œuvre dans l'infinité du Cosmos.

Le *« Connais-toi toi-même »* gravé au fronton du Temple de Delphes ne demande pas une réponse définitive et surtout pas identique pour tout le genre humain. Pour moi cette inscription est une invitation personnelle à découvrir le prochain pas que j'ai à faire en vue de ma croissance et à ainsi à acquérir une meilleure idée de ce qu'est ma mission individuelle durant cette vie. Le But est le Chemin et la Source de tout Amour m'accompagne. Cette certitude me suffit. Il en est ainsi de tout Amour.

La fidélité envers un conjoint n'est pas une chaîne que l'on s'attacherait au cou ou à la cheville. Le mot « fidélité » vient du latin *fides* qui désigne la Foi. La fidélité c'est, quoiqu'il arrive, de croire en l'autre et en sa capacité d'évoluer et de croître. Comme le dit le mystique Sélim Aïssel dans son petit livre, *Le Chant de l'Éternité* :

> *O Fille de la Terre je veux t'enseigner*
> *À voir ce qu'il y a de meilleur dans les hommes*
> *Vois en eux non ce qu'ils sont, non ce qu'ils font*
> *Mais ce que l'Éternité a déposé en eux*
> *Alors tes paroles sauront les conduire*
> *Sur la Voie de l'Immortalité.*

Sur l'origine des textes

La liste ci-dessous permet au lecteur, qui voudra sans doute bien se représenter le contexte dans lequel certaines réflexions furent faites, d'associer chaque texte à la période de sa première publication.

Chaque item sans indication de parution ou de période de parution est un de ces textes ayant fait l'objet d'émissions radiophoniques ou autres médias mais qui n'ont pu être publiés dans le cadre de *Vents croisés*.

1. Faim et certitude (n°20, été 2010).
2. Foi et certitudes (n° 20, été 2010).
3. Incertitudes et croyances.
4. Le commerce de la peur (hiver 2005-2006).
5. Qui se cache derrière le bouclier (n°8, hiver 2005-2006).
6. Peur et religion (n°8, hiver 2005-2006).
7. Religion pour asservir ou pour libérer ? (n°7, été-automne 2005).
8. Religions et cultures (n°27, été 2013).
9. Éducation, religions et sciences (n°28, automne 2013).
10. Parole qui tue et Parole qui libère (n°14, printemps 2008).
11. Rôle du christianisme dans l'évolution du monde (n°16, hiver-printemps 2009).
12. À propos des religions aux États-Unis (n°7, été-automne 2005).
13. Guerre inavouée au quotidien (n°30, été 2014).
14. Révolution religieuse ou évolution ? (n°10, été automne 2006).
15. Fraternité/sororité œcuménique.
16. Une Église pour les gens.
17. Science nouvelle et spiritualité (n°19 hiver-printemps 2010 et n°20, été 2010).
18. La Bible : mythe-histoire.

Première partie :
Incertitudes, peurs et croyances

Cette première partie parle d'incertitudes, des incertitudes souvent suscitées par des organisations ou des personnes qui trouvent intérêt à provoquer la peur pour pouvoir apparaître comme « sauveurs ». Parfois c'est tout un contexte culturel qui véhicule ces peurs, mémoires de traumatismes passés vécus par la famille, l'ethnie, voire la civilisation toute entière.

Cultiver ces peurs donne en général à ceux qui le font un pouvoir sur les masses, pouvoir matériel, économique ou idéologique. Désamorcer ces baudruches, c'est faire œuvre de libération. C'est permettre aux personnes humaines de se reconnecter à leur être profond, là où ils peuvent redécouvrir la Confiance.

Un autre titre pour cette partie de l'ouvrage pourrait être: « Incertitudes sur fond de certitudes ».

1. Faim de certitude

La faim de certitude semble être aussi vieille que la race humaine. Très tôt dans l'histoire des êtres humains, ceux-ci ont conçu des dieux pour expliquer l'inconnu. Puis il y a eu le début du règne de la Raison, censée avoir réponse à tout. Au siècle dit des Lumières, la Raison fait une avancée majeure et se présente en héroïne qui va faire disparaître à jamais les « superstitions religieuses ».

L'Homme, prenant confiance en lui-même, veut prendre en charge son destin et c'est l'avènement de la démocratie. Mais ce remède miracle aux malheurs des êtres humains ne produit pas les fruits attendus et très vite l'Homme se trouve renvoyé à « l'incertitude du moi ». Il y a là un terrain propice à toutes les idéologies et autres doctrines en « isme » qui promettent bonheur et certitude. Leurs dangers ne sont plus à démontrer comme l'a prouvé l'expérience. Mais la faim de certitude a la vie dure et souvent nous fait préférer la certitude de l'esclavage à l'incertitude de la liberté. Le souvenir du Nazisme ne suffit pas à freiner la montée de la Droite que l'on remarque dans de nombreux pays. Et la crise économique et financière dont nous sortons peut-être, mais dont le bilan catastrophique n'a pas encore été évalué, ne semble pas avoir sérieusement remis en cause la doctrine ultralibérale qui l'a provoquée.

C'est dur de sortir de ses certitudes, surtout si on est un « expert », que l'on sait. De la même façon certaines découvertes scientifiques des vingt dernières années sont délibérément ignorées par la majorité des savants (ceux qui savent qu'ils savent).

L'anxiété qui vient du manque de certitudes est traitée avec des antidépresseurs plutôt qu'en cherchant à soutenir l'être humain dans sa quête de sens. Il faut trouver des réponses simples, et sûres, même si la réalité est complexe. Nos frères amérindiens ne donnaient pas aux jeunes des recettes garanties; ils les accompagnaient dans leur « quête de vision » qui aide à découvrir une direction, pas une certitude.

Les existentialistes ont parlé de « l'absurde », peut-être pour rassurer ceux et celles dont la quête de sens ne semblait pas aboutir. Mais n'est-ce pas là encore évaluer la vie selon les critères de la Raison. Or pour moi, la Vie n'est pas absurde, elle est *happening*, c'est-à-dire jaillissement imprévisible où il n'y a pas d'autre certitude que celle de l'instant présent.

Un épisode du mythe de la déesse Isis raconte que celle-ci s'était fait embaucher comme servante au palais royal de Phénicie. La reine, qui avait remarqué ses belles qualités lui avait confié la garde de son très jeune fils. Pour transmettre au bébé ses propres attributs divins, chaque soir la déesse étendait le jeune prince, nu, sur un lit de charbons ardents. Un jour, la reine fit irruption à l'improviste dans la chambre au cours de ce rituel. Horrifiée, elle se précipita pour arracher son fils à son lit de braises; et pour sauver l'enfant ... tua le dieu en train de naître en lui.

Nous avons déjà cité dans *Vents croisés* Alfred North Whitehead qui notait, il y a plus de quatre-vingts ans : « *C'est le propre du futur d'être dangereux. Les plus grands progrès de la civilisation sont des phénomènes qui tendent à détruire presque les sociétés dans lesquelles ils se produisent* ». La fin des certitudes serait-elle le signe de l'avènement possible d'un monde neuf? Quand on n'est plus certain de rien, tout devient possible.

2. Foi et certitudes

L'incertitude est probablement le facteur le plus important dans la genèse des religions. Le dieu devient l'explication de l'inexplicable et de l'inexpliqué : nos origines, certains phénomènes naturels, surtout ceux qui nous angoissent. Les rituels et les sacrifices sont là pour nous concilier les bonnes grâces des divers esprits divins dont dépendrait notre sort. Comme cela ne suffit pas pour que le monde soit paradisiaque, il faut désigner un certain nombre de responsables de nos malheurs et du courroux des dieux et en faire autant de boucs émissaires. Dans la plupart de cas, ce seront « les autres », c'est-à-dire les femmes, les réactionnaires, les terroristes; car les idéologies s'apparentent aux religions, même s'il n'est pas accepté ou acceptable de le reconnaître.

Le danger des certitudes n'est pas, je pense, à démontrer. Certains vous diront qu'il n'y a pas d'incertitude dans l'Islam, ce qui expliquerait son succès auprès de populations en mal de certitude. Mais la façon dont George W. Bush priait avant d'ouvrir les réunions où il décidait du sort du monde ne peut-elle aussi être vue comme une façon de mettre la certitude du Bien de son côté, plutôt que d'avoir à écouter l'intelligence du cœur qui décidément ne comprend rien aux intérêts économiques?

Au-delà du Dieu défini par les religions qui cherchent à calmer nos angoisses, il y a le Dieu des saints et des mystiques qui est bien différent de toutes nos représentations matérielles, intellectuelles ou psychiques, voire spirituelles. Eux ont expérimenté la nécessité de vivre l'incertitude, la pauvreté en esprit, pour que la présence de Dieu, son « Royaume », puisse se manifester à eux. Le mystique Jean de la Croix a exprimé une assurance qui ne manque pas d'incertitude dans un poème dont voici quelques strophes:

> *Je sais bien moi la source qui jaillit*
> *Et qui court, mais c'est dans la nuit*
> *Cette source éternelle est enfouie*
> *Mais moi je sais bien où elle vit,*
> *Mais c'est dans la nuit...*
> *Sa clarté n'est jamais obscurcie*
> *Et je sais que d'elle toute lumière luit,*
> *Mais c'est dans la nuit...*

Même celui que certains appellent le « Dieu qui est en moi » risque d'être trop défini. N'est-il pas plutôt « Celui qui me cherche »? Il est l'Être et il veut que nous soyons. Sa volonté, c'est-à-dire son désir pour moi, est à inventer chaque jour. Le commun des mortels dont nous faisons partie a sans doute besoin d'un Dieu aux exigences moins floues, surtout quand nous recherchons précisément à nous rassurer face au mystère de la mort. Alors le discours religieux a cherché à s'adapter au point où nous en sommes. Mais il est souvent le fait d'intellectuels qui prennent leurs convictions pour des certitudes, lesquelles certitudes deviennent vite des vérités. On oublie alors que les nuages sont aussi porteurs de vie et l'on se retrouve à cent lieues de l'incertitude des mystiques ou du questionnement des prophètes.

De toutes façons, même à partir des mêmes mots pour le dire, chacun ou chacune de nous aura « son » Dieu, son image de Dieu. Si une personne affirme être certaine que Dieu existe, cette certitude, et la vision du monde qui peut en découler pour elle, est digne de respect mais ne vaut que pour elle et pour ceux et celles qui lui feraient confiance. Par exemple, on peut jeûner pour faire pénitence comme les chrétiens, pour ressentir dans sa chair le dénuement des pauvres comme les musulmans, ou pour se sentir plus proche de Dieu comme les mystiques.

« Qui suis-je? » La question n'est pas nouvelle. La réponse peut l'être chaque jour si l'on s'ouvre au mystère de la Vie. Le fronton du Temple de Delphes nous renvoyait déjà à nous-mêmes: « Connais-toi toi-même ». Cela n'apparaît pas comme une voie sûre vers la certitude. Pour certains, la seule certitude semblerait être la mort. Heureusement que pour d'autres elle est aussi mystère.

La docteure Kübler-Ross l'appelle la dernière étape de la croissance. Je préfère parler d'une autre étape possible de la croissance, ce qui me semble mieux respecter son mystère et sa dimension d'incertitude. La seule certitude serait-elle ce « Je suis », non défini mais certain, qui est aussi le Nom que Dieu se serait donné à lui-même, par opposition à tous ceux dont on l'a affublé?

Notre « moi » est questionnement, questionnement infini. Comme l'écrit Jean-Yves Leloup dans son livre « Manque et plénitude », « *Si grand est dans l'homme le désir d'infini qu'il est prêt à «infinitiser» n'importe quel veau, qu'il soit d'or ou de paroles mystiques, pourvu qu'on le dispense de penser et qu'on le délivre de cette lourde tâche qu'on appelle liberté. Cherchant qui adorer, l'homme est capable d'adorer le premier venu, pourvu que celui-ci le fascine assez pour lui dire ce qu'il a à faire, pour son bonheur et pour le bonheur de l'humanité, et le délivre de toute responsabilité* ». En particulier, la responsabilité de croître, d'avancer.

Or le but est le chemin. Jésus de Nazareth se serait présenté comme Chemin, Vie, Vérité; voie vers la justice, vie que ne limite pas la crainte de la mort, opposition à la vérité officielle et figée des prêtres de son temps. Avant lui, le Prince Gautama avait dû quitter la vérité aseptisée et les fausses certitudes du palais familial pour s'ouvrir à la réalité multiple et variable du monde qui l'entourait et pouvoir atteindre l'état de Bouddha. Plus tard Mahomet, parce que sa vérité dérangeait, dû fuir La Mecque. Le calendrier musulman ne compte pas les années depuis sa naissance mais à partir du début de cette errance.

Les religions ont orienté les êtres humains vers l'amour de l'autre et l'amour du Tout-Autre. Ont-elles su assez insister sur l'amour de soi. Non pas l'amour d'un « moi » idéal, tel que défini par les modèles religieux ou culturels. Mais l'amour du moi que nous sommes avec ses limites et son potentiel mystérieux. La Bible juive parle d'aimer son prochain *comme soi-même*. Les religions ont eu tendance à oublier la seconde partie de la phrase. Mais ce déficit d'amour de soi risque d'aboutir, sinon au rejet de l'autre, du moins à le tolérer, voire à l'aider, au lieu de l'aimer.

Or l'amour est intimement lié à une forte incertitude, incertitude sur soi, incertitude sur l'autre. Nous l'avons dit, on associe souvent à l'amour le mot « fidélité » que l'on comprend trop souvent comme une chaîne que l'on se mettrait autour du cou. Mais « fidélité » vient du latin « fides » qui signifie « Foi ». La fidélité est la foi en l'autre. L'autre, l'être aimé, est aussi indéfinissable que Dieu. Nous n'arrivons même pas à percevoir qui il est. À plus forte raison qui il est appelé à être; pas plus que lui-même d'ailleurs. Nous avons à nous découvrir nous-mêmes, lui et nous, et l'amour est chemin vers cette « co-naissance », comme pour la foi religieuse.

Dans son livre « Paraboles au quotidien », Alain Houziaux écrit:

Un jour tu verras le Nom de l'invisible écrit sur l'eau vive.
Alors, recueille délicatement cette eau
Dans la paume de tes mains.
Et bois-la.

*Un jour, tu verras dans les yeux vides de ton conjoint
Une rivière qui t'attend.
Alors approche tes lèvres de ses paupières.
Et bois leur silence.*

3. Incertitudes et croyances

De par sa formation et ses choix de Vie, l'auteur américain Gregg Braden unit en lui la spiritualité et la science. Son livre, *La Divine Matrice* réfère aux croyances dès son sous-titre *« Unissant le temps et l'espace, les miracles et les croyances ».* Ce titre a été suivi d'un autre volume : *La guérison spontanée des croyances,* auquel nous nous référons principalement dans les lignes qui suivent. Ces deux ouvrages suivaient de peu la parution du livre du biologiste cellulaire Bruce H. Lipton, *Biologie des croyances,* paru en 2005. Il ne s'agit donc pas d'accueillir leur contenu comme de vieilles propositions d'une science démodée.

Pour Gregg Braden, « *Il est possible de définir les croyances comme la certitude provenant de l'acceptation de ce que nous* pensons *être vrai dans notre esprit et de ce que nous* sentons *être vrai dans notre cœur ».* Si l'on accepte cette définition à deux critères, cela réduit considérablement ce que l'on peut ranger sous l'étiquette « croyances », et sans doute nombre de dogmes ne se qualifient plus comme croyances pour beaucoup de gens. De plus, « ce que nous sentons vrai dans notre cœur » pèse d'un poids beaucoup plus lourd que ce qui est considéré comme vrai par le cerveau car les champs électrique et magnétique émis par le cœur sont beaucoup plus intenses que ceux émis par le cerveau. Ce rapport d'intensité atteint cinq mille dans le cas du champ magnétique.

Avec l'exploration de la réalité sub-atomique et l'avènement de la physique quantique, la science est devenue incertaine. L'incertitude fait partie de tout organisme vivant et le « Principe d'incertitude » de Heisenberg est admis par toute la communauté scientifique sérieuse. Les lois de la physique quantique « *ne peuvent préciser où se trouvent les particules ni comment elles se comportent. Elles ne décrivent que le potentiel de l'existence des particules, c'est-à-dire où elles peuvent être, comment elles pourraient se comporter et à quoi pourraient ressembler leurs propriétés.... La conscience et l'acte d'observation paraissent déterminer laquelle des possibilités devient réelle.* » Nos croyances influent sur le choix des possibilités et donc contribuent à façonner le réel. Nos croyances, mais aussi nos peurs ! Compte tenu de ce que nous disions plus haut sur la prééminence du cœur, on voit là l'importance, pour l'évolution du monde que nos croyances soient fondées sur l'Amour plutôt que sur nos idées et nos peurs.

« *La source de nos expériences négatives peut se ramener à l'une des trois peurs universelles (ou à une combinaison des trois): la peur de l'abandon, la peur de ne pas être à la hauteur, la peur de faire confiance"* ». Il s'agit en fait de trois incertitudes et Gregg Braden nous invite à « *abandonner nos croyances sur ce que nous devrions être en échange d'une plus grande possibilité de devenir* ». Il s'agit donc « *d'avoir foi en l'intelligence de l'Univers inhérente à toute situation et à toute vie* ».

Ce qui revient à affirmer que nous créons nous-mêmes l'incertitude, qu'elle soit mentale ou subconsciente, existentielle ou extérieure à nous-mêmes ; mais dans une certaine mesure, c'est elle qui permet la Vie et la Liberté.

À ce sujet, Gregg Braden nous donne un autre conseil basé sur sa propre expérience. « *Pour mettre fin au combat millénaire entre la lumière et les ténèbres, il nous faut accepter qu'il s'agit non pas tant de défaire l'une ou l'autre de ces forces que de choisir d'être en relation avec les deux* ». En d'autres mots, accepter que la polarité fait partie de la Vie et que vouloir la supprimer au profit de l'un des pôles contribue à détruire la Vie. En particulier, peut-être sous l'influence de l'Évangile de

Jean, le Christianisme a trop exalté la Lumière au détriment de l'Ombre.

L'ombre n'est pas l'opposée de la Lumière, elle en est le complément. Sans elle la Lumière perdrait son caractère de jaillissement. Sans elle, la Création deviendrait impossible : une matrice est un lieu d'ombre, pas de lumière. Dans le premier récit de Création du livre de la Genèse, celui qui présente la Création en six jours, le mythe ne répète pas, comme cela serait logique: « Il y eut un matin, il y eut un soir et ce fut tel ou tel jour", le texte dit: "Il y eut un soir, il y eut un matin ... » La Création se fait dans la nuit et la lumière du matin la révèle. La polarité est condition de la Vie, au moins au niveau d'évolution du monde créé tel que nous le percevons.

Teilhard de Chardin, dans *La messe sur le monde* parle du Feu qui est premier et qui peu à peu élimine nos ombres. Pour moi ce Feu, cette Lumière primordiale, n'est pas là pour éliminer les ombres mais pour les féconder. Il faut que même le mal soit source de Grâces. Dans le second récit de Création de la Genèse, les mots hébreux généralement traduits par Bien et Mal ont tout autant le sens d' « accompli » et de « pas encore accompli », « en cours de création », « pas encore bien ».

L'apôtre Paul se glorifiera de ses faiblesses qui, mieux que sa force, servent son combat pour le bien. Quant au Lama Anagarika Govinda, il déclare: *« Ce par quoi nous chutons est ce par quoi nous pourrons nous élever. Dans les récits des Siddhas, le guru transforme toujours les faiblesses du disciple en source de force »*. Les *Siddhas* sont des genres de paraboles du Bouddhisme tibétain. De son côté, Martin Buber n'hésitera pas à dire qu'il faut servir Dieu avec nos pulsions démoniaques.

L'alternance de L'Ombre et de la Lumière n'est sans doute pas un pis-aller. Elle est le Chemin. Jésus vient pour la Chute et le relèvement d'un grand nombre; pas la chute ou le relèvement. Il vient pour être signe de contestation. L'opposition millénaire entre le prêtre et le prophète ne serait-elle pas une loi naturelle du développement du fait religieux dans le monde? Alors citons Rumi qui fut prophète en son temps: « *La tristesse vous prépare à la Joie. Violemment elle balaie tout hors de votre maison, afin que vous puissiez trouver la place pour y entrer. Elle secoue les feuilles jaunies du rameau de votre cœur pour permettre à de nouvelles feuilles vertes de pousser à leur place. Elle arrache les racines pourries pour que de nouvelles racines, cachées en dessous aient la place de croître. Quel que soit ce que la tristesse secoue hors de votre cœur, c'est pour faire place à quelque chose de meilleur* ».

« *Vous êtes la lumière du Monde* », dit le Christ. Mais nous mettons notre Lumière sous le boisseau, pour y cacher aussi nos ombres. Or on n'aide pas les autres, on n'est pas Lumière pour eux en étant parfait, mais en laissant voir aussi nos ombres. C'est beau, c'est lumineux le cœur d'un homme ou d'une femme qui a été façonné par la déchéance et le péché et qui, malgré cela, accepte de s'ouvrir. Accueillir cette Lumière, c'est lui permettre de rayonner.

Là encore, c'est par le cœur que l'on unifie les contraires. Gregg Braden raconte qu'à une certaine époque, il avait un rêve récurrent où, pour rejoindre les gens qu'il aimait, il avait à effectuer une traversée entre un abîme rempli de lumière éblouissante et un autre d'une noirceur absolue. Chaque fois il se trouvait attiré irrésistiblement de l'un ou l'autre des côtés et perdait l'équilibre. Une nuit, il eut l'intuition de ne pas juger l'un des côtés comme bon et l'autre comme mauvais mais de les accepter tous les deux comme ses amis. Dès l'instant où il fit ce choix, les deux côtés de l'abîme fusionnèrent pour former un pont sécuritaire. Après cela, le rêve cessa de se reproduire.

Ces notions de Foi et de Certitudes sont également reprises

par Gregg Braden dans son petit livre illustré intitulé: « Les Secrets de l'Art perdu de la Prière ». Il y est souvent question de bénédiction et d'action de Grâces dans la ligne de cette affirmation de Jésus à ses disciples rapportée par l'Évangéliste Marc (Mc.11, 24): *« Tout ce que vous demanderez en priant, croyez que vous l'avez **déjà** reçu et cela vous sera accordé ».* Foi et certitude se rejoignent dans une telle prière, au moins si elle provient du cœur, si elle est inspirée par l'Amour.

4. Le commerce de la peur

Cultiver la peur semble être une occupation profitable, surtout si on la cultive chez les autres. Sinon, il n'y aurait pas autant de gens puissants à se livrer à cet exercice.

-Les politiciens d'abord. Quand Harry Truman a pris le pouvoir en 1945, un sénateur lui aurait dit que la peur était le meilleur moyen de gouverner le peuple américain. Lui et ses successeurs ne se sont pas privés de l'utiliser et cette tendance s'est encore renforcée au cours des quatre dernières années.

-Les hommes d'affaires ensuite. C'est le travail de tout le lobbying militaro-industriel. Dans certains pays, comme en France, ce sont les fabricants d'armement qui contrôlent la majorité des médias. Simple coïncidence ?

-Mais il y a aussi tout le cartel médico-pharmaceutique qui, au nom de la prévention, promeut la sur-médicalisation qui rend malade, à commencer par les vaccins.

-On peut aussi ajouter à la liste des profiteurs de la peur, tout le commerce des assurances, au point que beaucoup de gens ont un montant d'assurance-vie supérieur à ce dont ils ont réellement besoin.

-Mentionnons enfin toute la multiplication des agences de sécurité. Des dizaines de milliers de Nord-Américains vivent dans des complexes entourés de murs et gardés par des vigiles armés. Que doit en penser la statue de la Liberté, brandissant son flambeau sur son piédestal.

Al Qaeda n'a plus besoin d'organiser des attentats terroristes pour détruire l'Amérique. Il lui suffit d'entretenir la peur. Cette organisation a d'ailleurs publiquement déclaré qu'elle souhaitait la réélection de George W. Bush à la présidence. Au nom de la peur, et des intérêts du complexe militaro-industriel auquel son père est associé, George W. Bush est certainement plus efficace pour détruire son pays qu'une poignée de kamikazes.

Comment contrer cette peur qui détruit notre monde et nous détruit nous-mêmes ? Le ferons-nous en fondant des espoirs sur des institutions existantes ?

-Les Nations-Unies étaient censées œuvrer à bâtir un monde de paix ; mais les trois-quarts des armes vendues dans le monde sont fabriquées par les membres permanents du Conseil de Sécurité.

-Les Églises chrétiennes n'ont guère su faire passer le message de Celui qui devait « nous libérer de la peur ». Elles ont trop longtemps entretenu une peur d'un Dieu qui confortait leur pouvoir et leurs intérêts économiques.

-Les autres religions abrahamiques se sont, elles aussi, trop distancées du « Tu ne tueras pas » biblique.

-Les institutions économiques, FMI, OMC, promeuvent une « culture du marché » basée sur une guerre commerciale où tout est sacrifié pour l'immédiat. Comment prétendre bâtir une « Communauté internationale » dont tous les membres, individuels et collectifs, ne sont que des compétiteurs ? La Radio des Mille Collines au Rwanda n'a pas eu à faire plus que de présenter les Tutsis comme des compétiteurs dangereux dont il convenait, par prudence, de se débarrasser.

Finalement, il n'y a peut-être que sur nous-mêmes que nous puissions compter pour vaincre la peur. Non pas en achetant des armes individuelles comme l'ont fait nombre d'Américains après le 11 septembre 2001. Il y a en moyenne chaque jour aux États-Unis soixante personnes qui sont tuées par revolver. En deux mois, c'est plus que le nombre total des victimes des attentats de septembre 2001. Pour dompter la peur, il semble plus efficace de faire l'effort de transformation intérieure nécessaire pour développer la paix intérieure, cette paix qui fera que nous n'aurons plus à rechercher la sécurité à l'extérieur de nous-mêmes. Si ce n'est pour des raisons mystiques ou spirituelles, ce pourrait être par simple réalisme. Comme l'avait dit le Président Roosevelt à son peuple : « La seule chose dont nous ayons à avoir peur, c'est la peur elle-même ». Peut-être faudra-t-il encore plus d'un demi-siècle pour nous en convaincre. Car il ne s'agit de rien moins que de nous former un esprit capable de boycotter la peur pour ne plus en être esclave.

5. Qui se cache derrière le bouclier?

> *Ce texte a été produit en 2004 alors que la politique nord-américaine est marquée par l'acharnement de G.W. Bush pour l'investissement dans le bouclier antimissile américain. La participation du Canada à un tel projet a éveillé notre curiosité. Les exemples évoquent un paysage qui a beaucoup changé, depuis. Mais l'instrumen-talisation de la peur et l'assujettissement des politiques nationales au complexe militaro-industriel constituent un mode opératoire qui s'est bien installé au sommet de nos États.*

La discussion sur la participation du Canada au bouclier anti-missile américain n'est pas close par un premier rejet. Dans quelques mois nous pouvons avoir un nouveau gouvernement et la question de notre participation à ce projet sera de nouveau ouverte ; ou plutôt entrouverte car certaines données permettant d'évaluer la question dans son ensemble sont occultées. Rappelons certains éléments du dossier qui, jusqu'ici, sont au moins partiellement connus.

Une nouvelle course aux armements

Dès l'arrivée de George W. Bush au pouvoir, au début de l'année 2001, le Pentagone a convaincu le nouveau président que le problème de l'interception des missiles en vol pouvait enfin être résolu avec une triple sécurité : interception des missiles peu après leur décollage, destruction dans l'espace au moyen de lasers et finalement interception du missile lors du retour dans l'atmosphère, à proximité de sa cible. Très vite, l'Administration américaine s'est retirée du Traité sur les missiles balistiques afin d'avoir les coudées franches pour développer le fameux bouclier.

Le système de défense envisagé par le Pentagone était conçu pour contrer les missiles russes SS 25. Mais si les Américains se retiraient du traité concernant les missiles balistiques, cela libérait du même coup le potentiel de recherche des Russes. Depuis cette date, ceux-ci ont déjà testé le nouveau SS 27 Topol-M qui forcera le Pentagone à reprendre sa conception à zéro. En effet, le SS 27 rejoint beaucoup plus vite la stratosphère, rendant improbable sa destruction durant la phase de lancement. Le SS 27 a en outre été conçu pour résister aux attaques par laser ; et l'on sait que l'interception lors de la rentrée dans l'atmosphère est la plus aléatoire et que les États-Unis n'ont pas encore enregistré de succès convaincants sur ce dernier point. Donc tout reste à faire et quand le système sera opérationnel pour contrer les SS 27, il aura sans doute à faire face à une nouvelle génération, les SS 29 qui auront été mis au point entre temps.

Les traités qui avaient été négociés au fil des ans étaient sans doute plus efficaces que le fameux bouclier. Ils coûtaient surtout beaucoup moins cher. En outre, la course aux missiles ne se limite pas au tandem États-Unis – Russie. Ces deux États ne développeront pas leurs capacités balistiques sans que la Chine emboîte le pas, déclenchant une réaction en chaîne car l'Inde sera obligée de suivre, puis le Pakistan. D'autres pays emboîteront le pas tôt ou tard, soit par la recherche, soit en rachetant des missiles démodés.

Menaces sur le Traité de Non Prolifération nucléaire

Tous ces joujoux balistiques sont conçus pour transporter des têtes nucléaires. Le Traité de non prolifération nucléaire a déjà de nombreuses failles. Il ne reconnaît que cinq puissances nucléaires, USA, Russie, Royaume Uni, France et Chine, alors qu'on en connaît au moins huit et qu'une trentaine d'autres États possèdent déjà la technologie pour fabriquer des armes nucléaires en un délai assez court. Le traité prévoit que les cinq puissances nucléaires doivent désarmer progressivement, mais ce n'est pas la route qu'elles semblent prendre, bien au contraire. À la réunion de mai 2005 où ce traité doit être revu, les États-Unis se libèreront du traité qui les lie, jugeant plus efficace et moins contraignant de brandir des menaces envers les États que Washington choisit de qualifier de « voyous ». Mais le danger d'une fausse alerte provoquant une attaque nucléaire « par erreur » augmente avec le nombre de missiles déployés à travers le monde.

Liens avec la militarisation de l'espace

Le gouvernement canadien maintient que s'il participe au projet de bouclier anti-missile, il continuera à s'opposer à la militarisation de l'espace extra atmosphérique. Il ne s'agit pas d'une lointaine éventualité. Selon Scott Ritter, expert américain en missiles balistiques, au stade actuel de la recherche, la destruction des missiles durant leur trajet dans la stratosphère se ferait à partir de systèmes « basés dans l'espace ». Cette information a déjà été publiée dans le *Christian Science Monitor*. Cela aurait deux conséquences immédiates : ces systèmes pourraient attaquer d'autres objectifs, satellites ou stations spatiales ; d'autre part, les autres nations vont développer des armes capables de neutraliser ces installations spatiales de lasers. Autant reconnaître que la militarisation de l'espace est déjà commencée, au moins au niveau de la recherche.

Quel est le but réel du bouclier anti-missile

Nous venons de voir que le projet de bouclier anti-missile, tel qu'originellement conçu, est démodé avant même d'avoir reçu un début d'implémentation. Ce qui signifie que toute tentative d'évaluation des coûts est fantaisiste et qu'on peut prévoir des chiffres en milliers de milliards de dollars. Ceci pour aboutir à une défense peut-être aussi illusoire que la fameuse Ligne Maginot française, construite avant la seconde guerre mondiale, et que les troupes allemandes ont tout simplement contournée en passant par la Belgique. Comme pour la ligne Maginot, le bouclier anti-missile pourrait bien nous détourner des vrais problèmes de sécurité auxquels nous avons à faire face.

Pour les responsables américains qui osent exposer le fond de leur pensée, il ne s'agit pas d'implanter un système défensif. Il s'agit d'assurer la domination incontestée des États-Unis sur la planète Terre, de leur permettre d'ignorer le droit international et d'agir où ils le veulent et comme ils le veulent en tout point du globe sans risque que leurs actions se retournent contre eux.

Il n'y a qu'à voir ce qu'en disent la Rand Corporation et la presse conservatrice américaine : *«Il ne s'agit pas simplement d'un bouclier mais d'un outil qui doit permettre la liberté d'action des États-Unis»* ; *« en isolant notre territoire de représailles éventuelles, même de façon partielle, le bouclier soulignera la capacité des États-Unis de façonner le monde extérieur »* ; *« Il ne s'agit pas de défense mais d'offensive. Et c'est bien pour cela que nous en avons besoin »*.

À cause de sa proximité géographique et économique des États-Unis, le Canada ne se trouve pas dans la même situation que les autres membres de l'OTAN. S'il s'agissait vraiment d'un système défensif, il pourrait paraître logique que le Canada y participe, même en tant que partenaire très junior à qui on ne demande guère son avis. Mais il s'agit sans doute de tout autre chose.

Un bouclier au profit de qui ?

Durant les décennies de la guerre froide, les Russes ont fait plusieurs offres de désarmement bilatéral. Ils étaient conscients que la course aux armements était préjudiciable au développement économique et humain de leur pays. Il s'agissait en fait d'une guerre économique et les États-Unis avaient intérêt à maintenir la pression de la menace militaire qui forçait peu à peu leurs opposants à la faillite. Ils ont gagné cette manche, mais cette victoire aurait pu signifier un avenir sombre pour le complexe militaro-industriel des États-Unis. Heureusement pour lui, depuis l'élection de George W. Bush, les « faucons » sont très écoutés à la Maison Blanche. On a beaucoup médiatisé les liens que la famille Bush pouvait avoir avec l'industrie du pétrole. Beaucoup moins connue est la proximité de George Bush père et du lobby militaro-industriel, en particulier par le canal de la firme Carlyle dont l'actuel président avait été directeur jusqu'à son élection au poste de gouverneur du Texas. C'est maintenant George Bush père qui assure la promotion de Carlyle à l'étranger. Il est également payé par Carlyle pour prononcer des discours devant des auditoires soigneusement sélectionnés. Il reçoit cent mille dollars par intervention. Espérons qu'il est assez économe pour que son fils retrouve une partie de ces sommes dans son héritage.

La course aux armements a ruiné l'URSS. Il semble que maintenant les dirigeants américains veuillent continuer la course tout seuls au risque de ruiner leur pays. Le dollar américain a déjà perdu 30% de sa valeur depuis la première élection de George W. Bush. Les analystes financiers prévoient qu'il perdra un autre 30% de ce qui reste pendant son second mandat. Mais quelques-uns y trouveront leur avantage et les hommes d'affaires canadiens du *Canadian Council of Chief Executives* (CCCE) voudraient bien en avoir leur part. C'est pour cela qu'ils ont lancé le NASPI (*North American Security and Pros-*

perity Initiative). Comme quoi le mot « sécurité » peut être avantageusement associé au mot « prospérité » et servir à faire de l'argent. Mais il n'est pas sûr que cette vision de la prospérité et surtout de la sécurité rejoigne celles de la majorité des Canadiens si ceux-ci acceptent de s'ouvrir les yeux.

La pression de la « sécurité »

L'obsession de la sécurité domine la politique officielle américaine et fait le jeu d'intérêts puissants. Il n'y a pas que la sécurité militaire et celle du contrôle de l'immigration qui aboutissent à des pressions sur le Canada. Celle de l'alimentation en pétrole à des prix raisonnables est aussi à l'ordre du jour, alors que les regards de nos voisins du sud se tournent de plus en plus vers les sables bitumineux de l'Athabasca ou vers le *pipe line* de la vallée du fleuve Mackenzie. Sécurité oblige et l'écologie risque d'en faire les frais. D'ici quelques années ce sera la sécurité de l'approvisionnement en eau des États-Unis qui s'ajoutera aux précédentes, les amenant à s'approprier à tout prix les richesses en eau de leur voisin puisque leur façon de surexploiter la leur n'est pas négociable. Là encore, les intérêts du CCCE ne seront pas forcément les mêmes que ceux des Canadiens ordinaires et surtout de leurs descendants. Il conviendra que le peuple canadien continue à veiller au grain et à se donner un gouvernement qui ne cède pas à la peur, réelle ou fabriquée.

La recherche de la sécurité

Le danger qui menace les États-Unis, et du même coup leur voisin du nord, ne vient pas de l'extérieur mais de l'intérieur. Comme le disait le Président Roosevelt, « la seule chose dont nous ayons à avoir peur est la peur elle-même ». Mais certains, par idéologie messianique ou impériale, par soif du pouvoir ou pour des raisons économiques ont intérêt à créer le sentiment d'insécurité et à l'entretenir.

Le Canada aime bien jouer dans la « cour des grands » qui ont en général une vision trop unilatérale de « leur » sécurité. Nous avons vu l'illusion d'une sécurité militaire sans faille. Quarante ans de progrès diplomatiques vers la paix ont été ruinés par quatre ans d'administration américaine spécialement belliqueuse. Pour bâtir la sécurité dont nous avons besoin, aurons-nous le courage de reprendre le chemin de la paix, au risque d'être en désaccord profond avec nos proches voisins ?

La paix ne peut être basée que sur la justice, mais les politiques économiques occidentales ruinent les économies des petits pays du sud. Que nous le voulions ou non, il y aura un bouclier anti-missile, qu'il soit efficace ou non. La question est de savoir de quel côté du bouclier nous voulons être. Il semble que notre sécurité réelle serait mieux assurée en nous dissociant de ce projet à caractère hégémonique. Nous avons plus à craindre du ressentiment des autres peuples que de leurs missiles. Et de toute façon, quand nos voisins voudront s'approprier notre eau ou notre pétrole, nos relations amicales avec eux ne changeront guère le genre de pressions auxquelles nous aurons à nous soumettre. Pourquoi nous faire du souci à ce sujet aujourd'hui ? À chaque jour suffit sa peur !

6. Peur et religion

Une recherche de sécurité

Les religions sont souvent accueillies comme un remède à la peur, une façon de sous-traiter notre sécurité intérieure, pour le présent ou pour le futur. Certaines personnes trouveront une sécurité dans l'obéissance à une loi, si on leur garantit en échange que Dieu bénira leurs entreprises, les maintiendra en santé et finalement les accueillera dans son paradis. Il conviendrait cependant de se demander si une bonne part des peurs contre lesquelles ces gens cherchent refuge ne sont pas engendrées par les religions elles-mêmes. Peur d'un Dieu juge qui nous attend au tournant pour nous faire payer cher nos désobéissances et nos manques d'amour.

Les religions sont censées offrir à leurs adeptes un chemin vers la liberté. Mais beaucoup d'entre nous avons peur de la liberté, car celle-ci implique des responsabilités. D'où le succès de certaines religions qui offrent au commun des fidèles quelques formulations simples, pour ne pas dire simplistes, mais en elles-mêmes nullement libératrices. Que les adeptes ne se risquent surtout pas à entrer en relation directe avec Dieu. Ils se fourvoieraient à coup sûr. La peur de se tromper est brandie pour les maintenir dans la soumission. Selon leurs tempéraments et la personnalité de leurs leaders, ils peuvent ainsi apprendre à aimer ou, tout au contraire, chercher refuge dans les fondamentalismes les plus meurtriers.

Un appel à la liberté

Revenons à cet appel à la liberté que les religions sont censées transmettre. Pour les Hébreux, cela commence avec ce « Va vers toi, pars pour toi » que Dieu adresse à Abraham. Cet appel sera repris, mais cette fois à l'échelle d'une communauté, par l'intermédiaire de Moïse qui est chargé par Dieu de faire sortir d'Égypte les Hébreux qui y sont en esclavage. Mais cet esclavage n'est pas sans garantir une certaine sécurité. Sortir d'Égypte, c'est affronter le désert où l'on est libre certes, mais à la merci de la nature, et où la survie n'est pas garantie. Bien souvent les Hébreux y auront la nostalgie des oignons d'Égypte et des marmites de viande dont on se rassasiait.

Dans les Évangiles, la venue du Christ est annoncée comme devant nous libérer de la peur. Le Bon Pasteur se présente comme celui qui fait sortir les brebis de l'enclos, qui leur permet d'affronter les dangers de la liberté. Jésus annonce à ses contemporains : « Vous connaîtrez la Vérité, et la Vérité vous rendra libres ! » ; mais ceux-ci voudraient une vérité codifiée, gravée dans la pierre, alors que Jésus parle de leur vérité intérieure dont on ne sait ni d'où elle vient, ni où elle aboutira.

Bien sûr, dans toutes les religions les prêtres ou leurs équivalents sont là pour rassurer les adeptes, mais parfois au point de tuer l'Esprit. Dans la Bible, la tradition sacerdotale est celle de l'obéissance scrupuleuse aux plus petits détails de la Loi, sous peine de ... Les Brahmanes de l'Hindouisme auxquels s'est opposé le prince Gautama, qui deviendra le Bouddha, n'étaient guère différents de leurs contemporains hébreux.

Les prophètes, eux, sont ceux qui cherchent à bâtir sur cet appel à la liberté que Dieu a mis dans le cœur des hommes et des femmes. En ce sens, Jésus est prophète, lui qui, dans le récit de Matthieu ouvre sa prédication par ces mots : « En marche les humiliés du souffle ! » Les humiliés du souffle (ou de l'esprit), ce sont ceux dont l'esprit n'est pas reconnu, ceux qui ne peuvent respirer à l'aise dans un monde trop matérialiste pour eux. En général ils ou elles meurent jeunes, jadis de tuberculose et maintenant de cancer du poumon, deux maladies du souffle. Et cela simplement, parce qu'ils sont conçus pour la liberté, ce que confirme la fin du verset d'évangile que nous citions « Oui ! Le Royaume des cieux est à eux ».

Sécurité intérieure ou extérieure ?

La religion à laquelle nous nous relions nous offre-t-elle une sécurité extérieure à nous, que ce soit dans des rites ou dans un Dieu plus ou moins lointain ? Ou bien permet-elle de découvrir un Dieu plus intime à nous-mêmes que nous-mêmes ? Et de trouver ainsi en nous-mêmes la source de notre sécurité ? Bien sûr une sécurité intérieure peut être d'origine culturelle aussi bien que religieuse. Mais où se trouve exactement la limite entre culture et religion ? L'ethno-psychiatrie a remarqué que les membres de certains peuples sont moins détruits que les autres après avoir été soumis à la torture. Il s'agit de peuples pauvres qui, par la force des choses, ne peuvent développer une culture de l'avoir. Ils n'ont d'autres choix que d'être. C'est plus exigeant, mais plus résistant ! Comme par hasard, nous retrouvons ici ces humiliés -on aurait aussi bien pu dire ces « pauvres »- dont nous parlions plus haut. L'autre est une menace pour moi si je ne me suis pas bâti de l'intérieur, si je me tiens debout en m'appuyant sur les béquilles de mon avoir.

Des femmes guatémaltèques, réfugiées au Mexique pour fuir ce qu'il faut bien appeler un génocide, écrivaient une prière dont voici deux extraits : « *Nous te rendons grâces, Seigneur, parce qu'ils nous ont refoulés dans les montagnes stériles, mais nous sommes l'Arbre indispensable de l'histoire latino-américaine* ». Et plus loin : « *Merci pour ta présence comme un mystère en nous. Nous sommes les pauvres parmi les pauvres. Nous sommes le buisson qui brûle et jamais ne se consume. Ta présence en nous est comme le glyphe Maya que personne ne comprend. Pauvres mais riches, rejetés mais au centre, morts mais ressuscités* ». De fait, une délégation des Églises chrétiennes des États-Unis, visitant le Guatemala à la même époque, était frappée de constater à quel point la situation du pays à cette époque « était considérée par les pauvres comme l'un des actes libérateurs de Dieu dans l'histoire ».

Pourtant nous ne sommes pas nécessairement esclaves de notre culture. J'ai rencontré, aussi bien dans l'est que dans l'ouest des États-Unis, des religieuses franciscaines qui, le plus naturellement du monde affrontaient le risque et même la réalité de la prison à cause de la lutte non-violente qu'elles menaient en faveur de la paix et de la justice. Certaines d'entre elles avaient plus de quatre-vingts ans.

Une parole vivante

Beaucoup de religions vénèrent des écrits considérés comme Parole de Dieu. C'est le cas de la Torah juive, du Coran des Musulmans, des Évangiles pour les Chrétiens, etc. Là encore, s'agit-il d'une parole extérieure à celui ou celle qui la reçoit, ou d'une parole qui se fait chair en lui ou en elle ? Pour les Juifs, par exemple, nous avons le Décalogue, les Dix Paroles. Ces paroles, telles qu'écrites dans la Bible ou gravées dans la pierre, sont désignées par un mot masculin, *dévarim*. Ce sont les paroles telles qu'elles sont prononcées, les mêmes pour tous et toutes. Mais ces paroles, une fois qu'elles ont été reçues, assimilées par l'homme ou par la femme, les paroles faites chair, sont désignées par un mot féminin, *hadibérot.*

Pour les chrétiens, ces Dix Paroles sont devenues les dix Commandements. Elles étaient un appel à être, on en a fait une morale à laquelle il faudrait se plier. Les Dix Paroles étaient exprimées sous la forme de ces pactes d'alliance que l'empereur des Hittites concluait avec les nations qu'il « protégeait ». À notre époque, qui est l'époque des « droits » de l'être humain, on est en droit de les recevoir dans une formulation plus moderne. Voilà ce que cela pourrait donner : *« Je suis Yahweh, ton Dieu, qui t'ai libéré de l'esclavage. En conséquence : Tu as droit à la liberté, tu as le droit de ne pas être esclave des idoles ou de ceux qui utilisent le Nom de Dieu pour asservir les autres ; tu as droit au repos hebdomadaire ; tu as le droit de recevoir l'aide et les soins dont tu auras besoin durant ta vieillesse ; tu as le droit que l'on n'attente pas à ta vie et que l'on respecte ton foyer ; Tu as le droit à un salaire décent pour ton travail et à une information non biaisée sur les sujets qui te permettent de décider de ton avenir ; tu as le droit d'être libéré de la convoitise des autres, en autant que tu ne fais rien pour provoquer cette convoitise* ».

Et pour être tout à fait moderne, on conclut le tout avec la petite phrase qui termine la Déclaration de Droits de l'Homme de 1948 : « *L'individu a des devoirs envers la communauté !* », ces devoirs qui feront que les droits des autres seront aussi respectés.

Ces devoirs devraient être les garants de nos droits, mais l'Évangile est réaliste et c'est pourquoi il ajoute un appel à l'amour des ennemis. Ce n'est pas facile, on ne peut y arriver tout seuls, mais c'est le cœur du message chrétien et le meilleur antidote à la peur. Cet exploit, une jeune juive hollandaise, Etty Hillesum, semble l'avoir vécu au milieu des persécutions nazies, mais pas sans avoir aimé de tout son être ses frères et sœurs juifs écrasés sous la botte nazie. Deux semaines avant sa déportation, elle écrivait dans son journal : « *Le grand obstacle, c'est toujours la représentation et non la réalité. La réalité, on la prend en charge avec toute la souffrance, toutes les difficultés qui s'y rattachent – on la prend en charge, on la hisse sur ses épaules et c'est en la portant que l'on accroît son endurance. Mais la représentation de la souffrance – qui n'est pas la souffrance car celle-ci est féconde et peut vous rendre la vie précieuse – il faut la briser. Et en brisant ces représentations qui emprisonnent la vie derrière leurs grilles, on libère en soi-même la vie réelle avec toutes ses forces, et l'on devient capa-*

ble de supporter la souffrance réelle, dans sa propre vie et dans celle de l'humanité. »* Huit jours plus tard elle écrit : *« Certains me disaient : mais tu as donc des nerfs d'acier pour tenir le coup aussi bien ? Je ne crois pas du tout avoir des nerfs d'acier, j'ai plutôt des nerfs à fleur de peau, mais c'est un fait, je « tiens le coup ». J'ose regarder chaque souffrance au fond des yeux, la souffrance ne me fait pas peur. Et à la fin de la journée j'éprouvais toujours le même sentiment, l'amour de mes semblables. Je ne ressentais aucune amertume devant les souffrances qu'on leur infligeait, seulement de l'amour pour eux ... ».* Sa force, Etty Hillesum avoue la trouver en Dieu, mais un Dieu très peu défini, qui plutôt jaillit en elle comme une source de Joie : *« Il faut oublier des mots comme Dieu, la Mort, la Souffrance, l'Éternité. Il faut devenir aussi muet que le blé qui pousse ou la pluie qui tombe. Il faut se contenter d'être ».* Mais ÊTRE, n'est-ce pas là le nom même de Dieu ?

Réf : Etty Hillesum, *Une Vie bouleversée*. Éditions du
    Seuil, collection Points.

Deuxième partie :
Les Religions : la foi institutionnalisée

Cette deuxième partie cherche à mettre en lumière l'image que se font des religions un nombre toujours plus grand de nos contemporains. Il se trouve que les religions évoquées ici seront surtout les religions chrétiennes. Mais, vues de l'extérieur, les autres institutions religieuses ne semblent pas tellement différentes et toutes donnent, à un moment ou à un autre une image très déformée de l'intuition profonde de leur fondateur ou du maître spirituel dont elles s'inspirent.

Ces quelques brefs chapitres n'ont pas la prétention de fournir une vision exhaustive du fait religieux dans notre monde. Dans certains cas, la réalité est plus belle et c'est juste l'image projetée qu'il serait bon de changer. Ailleurs, c'est un changement en profondeur, une ouverture des cœurs qui s'imposent.

Il ne s'agit pas de chercher à plaire mais de s'efforcer d'être vrai pour que rayonne les Lumières qui fondent notre Foi.

7. Relier pour asservir ou pour libérer ?

Le mot religion vient d'un verbe latin qui signifie relier. Mais veut-on être « relié » par instinct grégaire ? Ou bien vaut-il mieux l'être par une démarche personnelle ? Dans son livre intitulé « Le Chant de l'Éternité », le maître de sagesse soufi Selim Aïssel parle de la Religion :

O Fille de la Terre, je veux t'enseigner la Religion
Qu'elle soit le lien entre Toi et l'Éternité
Mais ne laisse aucun prêtre tenir ce lien entre ses mains
De crainte qu'il ne s'en serve pour y pendre ton âme.

Il rejoint là la troisième Parole du Décalogue biblique qui prescrit de ne pas utiliser le Nom de Dieu pour se donner un pouvoir sur les autres. On comprend qu'elle ait été réduite de nos jours à un commandement qui interdit de « sacrer » !(terme québécois qui désigne les jurons à connotation religieuse)

Les Amérindiens « mettent bien davantage l'accent sur un échange amical avec les divinités que sur l'attitude de supplication et d'humilité qui marque la plupart des rites religieux ». C'est en tout cas ce qu'en pense Jamake Highwater, l'un d'entre eux. Quant à Hyemeyohsts Storm, il déplore que les religions « organisent » les gens. « Cela empêche les individus de voir par eux-mêmes, cela écrase leur vrai esprit ».

Bien sûr, quand on compare les religions, il faut se garder - mais on le fait trop souvent – de comparer l'idéal des unes et la réalité des autres ; alors que la plupart d'entre elles se rejoignent au niveau de leurs intuitions profondes et fondatrices. Celles-ci sont souvent à l'opposé des intégrismes qu'on en déduit et qui amènent John Dourley à poser la question suivante : « Comment l'humanité peut-elle maîtriser son penchant irré-

sistible à engendrer une croyance, sans être détruite par elle ? »
La réponse à cette question appartient sans doute aux mystiques. Alors revenons à Selim Aïssel :

> *O Fils de la Terre, je veux t'enseigner à reconnaître*
> *les prêtres.*
> *Non pas les représentants des églises, mais ces guides vers*
> *l'Éternité qui montrent la Voie*
> *Parce qu'ils ont bu eux-mêmes au calice de l'Immortalité.*

Donc, Selim Aïssel ne nie pas le besoin de guides. Il invite simplement à les bien choisir. Laissons-le conclure en nous parlant de la prière, qui, selon lui, nous relie à nous-mêmes ... et au Dieu, qui nous dit comme à Abraham : « Mets-toi en route. Va vers toi ! »

> *O Fille de la Terre, je veux t'enseigner la Prière*
> *Elle est la source de tes origines et le guide vers ton avenir,*
> *Elle est la mémoire des hommes et le livre des Dieux.*
> *Qu'elle te soit une louange d'Éternité.*

8. Religions et cultures

Diversité religieuse, diversité divine

Nous introduisons cette réflexion sur le lien entre cultures et religions par quelques emprunts aux écrits de Robert Vachon et Raimon Panikkar parus dans divers numéros de la revue *Interculture* en 1995 et dont d'autres aspects sont présentés dans un autre article de *Vents croisés*, « Guswenta ou l'impératif interculturel ...». Les citations de Raimon Panikkar seront mises entre guillemets.

« La religion est un fait culturel. La culture est un fait religieux. La culture offre à la religion son langage, son corps, et la religion offre à la culture son contenu ultime, son âme.
"Si l'on exclut de la notion de culture, le fait religieux, à savoir sa dimension d'ultimité et sa prétention à offrir le terrain où l'Homme puisse développer toutes ses potentialités, la culture cesse d'être culture et devient une simple technique de possibilités pour aller rejoindre des fins pré-déterminées ».
« Toute culture qui te parle de faits intéressants mais non pertinents, c'est à dire qui ne t'aident pas à être plus libre, plus fidèle, plus joyeux, n'arrive pas à être une culture; elle se minimise comme culture ».
Ce qui fait dire à certains qu'une certaine culture publique de la modernité du développement: la technocratie, ne mérite pas le nom de culture.
« Toute religion qui se croit au-dessus de toute dimension culturelle ne réussit pas à être religion; elle se minimise comme religion. Aucune religion n'est culturellement neutre pour la même raison, à savoir que la religion n'est pas une unité désenchâssée... Il n'y a pas de religion en dehors de la culture ».
« La rencontre des culture, lorsqu'elle va assez profond, est

toujours une rencontre religieuse. Des valeurs ultimes sont en jeu ».

Ce qui fait dire à Panikkar que le dialogue interculturel est un acte religieux qui présuppose un respect religieux et mystique de l'autre, c'est à dire un acte qui touche à la dimension d'ultimité de toute culture. D'autre part, pas de respect religieux et mystique de l'autre, si on ne respecte pas ses langages culturels distincts.

« *Une croyance qui ne désigne pas toujours un au-delà qui la transcende, et, en un sens, l'annihile, n'est pas une croyance, elle relève du fanatisme ».*

D'autre part :

« *Les mots ne sont pas réels lorsqu'ils sont dénués de toute conviction personnelle et incarnation dans notre propre vie et dans celle de celui qui nous écoute... La foi ne peut être exprimée dans des formules universelles qui l'expriment pleinement ».*

« *La transmission authentique d'une culture est un acte rituel, pas simplement un exercice intellectuel... L'émergence de nouveaux rites est un processus tout à fait naturel ».*

« *La mutation (culturelle) religieuse n'est pas le fruit d'une révolution violente ou d'une attaque de l'extérieur, mais le fait d'une croissance à partir de l'intérieur de chaque tradition, de sorte que la voie n'est pas celle de l'apostasie ou de l'abandon (de nos identités!) mais d'une fidélité plus haute à la grâce insondable de l'esprit qui, comme le dit la Bible juive, est un «esprit silencieux» (1 Rois, XIX, 2) ».*

Si l'on n'y prend pas garde, les religions, comme les cultures, vont avoir tendance à faire entrer les gens dans des cadres, au risque de les empêcher d'accéder à leur identité véritable. La vérité de l'être de chacun et chacune devient déformée afin de se conformer à la vérité officielle, qui n'est qu'un aspect, fortement rationalisé, de la Vérité qui pourrait unir les hommes et les femmes et en fait, le Cosmos tout entier. Alors on exalte la « Splendeur de la Vérité », une vérité qui divise plus qu'elle n'unit; alors qu'il faudrait reconnaître la « splendeur de la variété », celle qui nous permettrait de voir en chacun, en chacune et en toutes choses une image de Dieu.

Cette révélation d'un aspect de Dieu dans les autres, quelle que soit leur religion, est celle dont parle la sixième Béatitude, celle qui invite à purifier son cœur ... et donc son regard. Alors la rencontre de l'autre peut être « communion ». Parlant des Béatitudes, si on les retrouve dans certains textes évangéliques, c'est parce que Jésus de Nazareth a été capable de les vivre, de les proclamer par sa vie plus que par des paroles, qu'elles aient été prononcées dans une plaine ou sur une montagne.

Certains chrétiens continuent à rechercher l'Unité du Christianisme dans des formulations, des rites ou des structures qui seraient les mêmes pour tous et pour toutes. Alors que là où des chrétiens cherchent à célébrer Dieu en accord avec la Vérité de leur être, ils réalisent l'Union entre tous ceux et celles qui, dans d'autres mots et dans d'autres cadres rituels ou culturels, cherchent également à célébrer leur Vérité en Dieu. Ils communient dans l'UN.

C'est dans ce sens par exemple que peut se vivre un œcuménisme véritable. Non pas se mettre d'accord sur la façon de parler de l'Indicible, de le nommer au risque de le chosifier, de le célébrer; mais bien plutôt en cherchant, dans nos diverses communautés d'appartenance, à vivre une relation vraie avec l'UN, tout en acceptant avec Joie d'enrichir notre vision au contact d'autres groupes religieux dont la vision nous révèle un autre aspect de la Vérité et, partant, de notre propre Vérité.

Comme toute chose humaine qui concerne la vie, et nous parlons ici d'économie aussi bien que de spiritualité, cultures et religions doivent avoir une dimension féminine aussi bien que masculine. Cela revient à se libérer de nos « idées sur Dieu », souvent masculines, pour essayer de se couler dans sa <u>vision</u>, au delà des mots, c'est-à-dire dans sa Joie, son Amour, sa Paix. À ce jour, il semble qu'il faille une autre approche que celles des trois Monothéismes, parfois désignées comme les « Religions du Livre », pour bâtir la Paix. Cela ne veut pas dire de renoncer complètement aux paroles, mais plutôt de se distancer de celles des sages et des gens instruits pour s'ouvrir à celles des « tout petits », puisque ce sont ceux et celles qui ont accès aux mystères du royaume de Dieu.

Pour les Chrétiens, Dieu est Parole et il s'incarne dans notre monde pour y être Parole Vivante et non pas mots à jamais figés dans un livre, aussi vénérable soit-il. Quand on étudie certaines cultures africaines, par exemple au Nigéria et au Bénin, on prend conscience à quel point les civilisations basées sur l'écriture ont perdu la « puissance du verbe », de « l'expression faite Vie ». Il suffit dans une église de proclamer l'Évangile sans avoir recours au texte écrit pour remarquer l'effet que peut avoir une parole vivante. Les enfants en particulier ne s'y trompent pas, mais même les adultes et les personnes âgées se trouvent rejointes par la différence du message. Que voulez-vous? On ne dit pas « Je t'aime » en lisant une formule dans un livre; nos frères et sœurs africains en sont encore conscients.

Dérives diverses

Qu'ils soient religieux ou non, les êtres humains ont, depuis longtemps réalisé que les religions constituent une source de pouvoir qu'ils peuvent utiliser à leur profit. D'abord parce qu'elles exercent un contrôle sur de larges pans de la société, mais aussi et surtout parce qu'elles harnachent à leur profit « l'autorité divine».

Pensons aux diverses formes d'apartheid : celui des Afrikaners de l'Afrique du Sud, ou celui, politique ou religieux, de l'État hébreu. Dans les deux cas, une certaine lecture de la Bible sert de justification à une politique injuste. Mais, bien sûr, nous cachons ou passons sous silence de nombreux passages de ces Écritures dites «inspirées»', principalement ceux qui proviennent de la tradition «prophétique», qui iraient à l'encontre de nos intérêts économiques ou de notre soif de pouvoir.

L'Amérique chrétienne conservatrice n'est pas différente. George W. Bush en était un exemple caricatural : lieutenant de Dieu sur la Terre, il avait pour mission de faire triompher l'<u>Axe du Bien</u> qui, par un hasard «providentiel», correspondait avec les intérêts économiques immédiats du peuple américain, de la famille Bush et de leurs «amis»'. Mais au fond, peut-être était-ce Dieu qui était le lieutenant du Président Bush?

Rappelons que ce que l'on appelle les Écritures sacrées représente principalement une sagesse très «humaine»', inspirée sans doute, au moins partiellement, mais autant par une culture que par l'Esprit divin et la personnalité propre du «prophète» par qui s'est exprimée cette Parole. Culturelle, cette sagesse porte dans son expression la marque de l'époque où elle a été figée dans des textes qui se veulent immuables alors que la Vie n'en finit pas de se révéler.

Les Juifs pieux reconnaissent qu'il y a 70 niveaux d'interprétation de la Bible qui, en quelque sorte, parle «personnellement» à chacun et chacune de ceux et celles qui se mettent à son écoute de façon désintéressée. La langue même des Hébreux a cette caractéristique que chaque mot et chaque lettre a une multiplicité de significations à offrir au lecteur. Il en est de même du sanskrit et les sages reconnaissent à chaque verset de la Vedanta une variété de sens qui peuvent aller de la mystique à la diététique en passant par l'économique. Mais les dérives religieuses ne peuvent évidemment pas s'encombrer de ces subtilités!

Donc, il n'y a pas que les monothéismes qui mobilisent Dieu dans un sens très humain. Dans l'Hindouisme, qui se voudrait une religion de la tolérance et de la paix, la concorde et le respect mutuel ne règnent pas toujours entre ceux qui se réclament de Vishnu et ceux qui vénèrent Shiva, entre les amants de Krishna et ceux de Ram.

Le Bouddhisme s'est voulu, au moins au départ, un athéisme en réaction à ceux et celles, surtout ceux, qui s'approprient Dieu. Quand un guru ou un maître spirituel a deux ou trois disciples, il est sans doute plus facile de les aider à cheminer vers leur vérité propre ... et de les envoyer se mettre à l'écoute d'un autre maître quand on reconnaît que cet enseignement différent est maintenant ce qui leur convient. Mais quand on anime un gros 'ashram', tel qu'on en trouve en Occident, des considérations économiques risquent d'être en compétition avec le bien spirituel des disciples.

Il ne convient sans doute pas de passer sous silence le nombre de guerres qui ont eu ou ont encore des raisons religieuses, qu'elles soient affichées ou sous-jacentes. Pour entrer dans la diversité culturelle et se libérer des dérives religieuses, l'humanité a sans doute besoin de se rappeler que *Beyond God is God.* Au-delà des représentations de Dieu, il y a l'Indicible dont les savants modernes découvrent la présence dans l'infiniment grand et l'infiniment petit.

Antoine de Saint Exupéry a écrit : « *Ne te hâte point de me connaître, il n'est rien de moi à saisir; je suis espace et temps où devenir.* » Dans son texte, il s'agit de l'amant parlant à l'amante. Mais ceux ou celles qui cherchent Dieu en vérité, ou qui Le devinent lors de leurs recherches scientifiques, n'ont-ils pas l'impression d'être proches d'un Amour infini ?

9. Religions et Pauvreté

Les diverses religions ont, de façon très générale, démontré un intérêt pour la pauvreté et pour le pauvres. Mais, comme nous allons le voir, la relation religion-pauvreté n'a pas manqué d'ambiguïté au cours des âges et cette situation dure encore de nos jours. Bien sûr, quand on parle de religion, il faut toujours distinguer entre l'idéal, souvent exprimé dans la doctrine, et la réalité quotidienne. Dans le cadre de cet article, nous devrons malheureusement nous limiter à quelques aperçus rapides pour illustrer ce propos.

Idéal

Le Bouddhisme a conçu la vie monastique sous le signe de la pauvreté, les moines mendiant chaque jour leur nourriture, non pas pour des raisons économiques mais pour des raisons spirituelles. Une approche qui rejoint celle des *Sannyasin*, les « renonçants » de l'Hindouisme.

La Bible des Juifs insiste sur le devoir de veiller aux besoins des veuves, des orphelins et des étrangers, qui constituaient la majorité des pauvres de l'époque. L'épreuve de la vie au désert y est vue comme un apprentissage à l'école de la Pauvreté et la Fête des Tentes en est le rappel annuel. Mais la Torah ordonne aussi: « *Il n'y aura pas de pauvres parmi vous* » et elle institue l'année jubilaire où les dettes sont annulées tous les cinquante ans, afin de permettre aux pauvres de sortir de l'engrenage étranglant de la pauvreté.

Pour le Musulmans, l'aumône fait partie des observances essentielles, au même titre, par exemple, que les prières quotidiennes ou que le Ramadan. En outre, les prêts d'argent ne sont pas censés générer d'intérêt.

Les premières Églises chrétiennes ont été des Églises <u>de</u> pauvres. Jésus se présente comme celui qui vient proclamer la Bonne Nouvelle aux pauvres. C'est là l'un des signes du Royaume de Dieu. Au quatrième siècle, Jean Chrysostome n'hésitait pas à affirmer que la solidarité avec les pauvres est une fonction sacerdotale, qu'un autel plus vénérable que celui sur lequel est consacré le Corps du Christ est l'autel constitué par les membres du Corps du Christ que sont les pauvres. Il précise: *« Cet autel, il t'est possible de le contempler dans les rues et sur les places et, à toute heure, tu peux y célébrer la liturgie ».* Que ces mots magnifiques ne nous cachent pas que l'Église de cette époque était déjà en un certain sens devenue une Église <u>pour</u> les pauvres, créant une dualité qui est toujours de mise. Ceci malgré des essais de retour aux sources, tels que ceux d'un François d'Assise, le plus connu de ceux et celles qui ont cherché à vivre, parfois de façon exagérée, un idéal de pauvreté.

Réalité

Il y a souvent loin de la coupe aux lèvres: Certains monastères bouddhistes en Occident risquent de devenir esclaves de l'argent. Il n'y a aucune indication que la loi de l'année jubilaire juive ait jamais été appliquée; les prêtres chargés de la faire respecter n'étaient sans doute pas pauvres. Et la loi juive interdisant les taux d'intérêt usuraires ne s'applique que si l'emprunteur est un Juif.

Apparemment les riches monarques du Golfe Persique, qui sont souvent aussi chefs religieux, arrivent à faire fructifier leur argent et il ne semble pas que ce soit les riches qui constituent les bataillons de kamikazes islamistes.

Malgré son orientation initiale, le Christianisme n'a pas tardé à rejoindre le parti des riches et des puissants. Ce fut le cas dès le quatrième siècle de notre ère. En 1306, Guion de

Cressonaert écrit que l'Inquisition *« pourchassait les pauvres jusque dans les montagnes reculées. Clément V avait même déclaré hérétiques ceux qui, comme les dolciniens, défendaient l'idée que Jésus avait été pauvre. Jusqu'au général des franciscains qui avait dû fuir en Bohême pour défendre la pauvreté que les évêques avaient déplacée de la colonne des vertus vers la colonne des vices ».*

Les excès et le luxe du Vatican feront réagir Martin Luther, mais Calvin ne sera pas long à redécouvrir la vieille vérité biblique que la richesse est une bénédiction de Dieu. L'Église, dite pour les pauvres, a besoin des largesses des riches pour maintenir son train de vie. De nos jours, les partis de droite se donnent un vernis chrétien pour que la hiérarchie des Églises exerce des pressions sur leurs fidèles afin qu'ils votent pour leur appauvrissement et la continuation de leur esclavage économique. Quant à la Bonne Nouvelle des Évangélistes, elle coûte souvent très cher aux populations du Sud de la planète.

Les remarques qui précèdent, et qui, de toute évidence, ne cherchent pas d'abord à plaire, ne visent pas à nier tout l'immense travail qu'au long des siècles les religions ont accompli pour les pauvres, avec souvent beaucoup d'amour et de dévouement. Mais les pauvres, ce sont ceux qu'on n'écoute pas, ou que l'on n'entend pas si on daigne les écouter. Ce constat est malheureusement vrai tant au plan religieux qu'au plan social et politique.

La pauvreté spirituelle est la condition pour que l'Esprit saint puisse agir. Comme l'écrit Joseph Comblin : « *Quand toutes les voies spirituelles s'effondrent, l'Esprit Saint devient actif. Il a besoin de cette expérience de pauvreté* ». L'Esprit Saint, "Père des pauvres", veille et il a suscité par exemple les communautés de base en Amérique du Sud. L'*establisment* religieux s'est vite ressaisi contre ce qui pourrait menacer son pouvoir et les intérêts de ses soutiens financiers. Est-ce à nouveau l'Esprit Saint qui a suscité sur ce même continent des gouvernements plus soucieux de leurs citoyens et citoyennes démunis?

Le mot « Église » désigne étymologiquement la communauté des croyants. Face à l'individualisme exacerbé de ce que l'on appelle le monde occidental, les peuples du Sud n'ont pas encore perdu le sens de la communauté qui constitue comme une religion naturelle pour eux. Quand on regarde la réalité d'aujourd'hui, il semble que ce soit cette religion de la solidarité, non hiérarchisée, qui seule pourrait être capable de sauver notre monde qui court à sa perte. C'est là peut-être l'intuition de Jésus quand, comme nous dit le récit de Luc, « *Il tressaillit de joie sous l'action de l'Esprit Saint et dit: 'Je te rends grâces, Père, Seigneur du ciel et de la terre, d'avoir caché cela [les mystères du Royaume] aux sages et aux intelligents et de l'avoir révélé aux tout-petits'* ».

Annoncer la Bonne Nouvelle aux pauvres, maintenant comme il y a deux mille ans, c'est la reconnaître et la valoriser dans leur vie pour qu'ils aient confiance en leurs intuitions profondes et ne se laissent plus dépouiller de leurs intuitions et de leurs biens par les riches et les puissants, religieux ou non.

10. Éducation, religions et sciences

Pour une variété de raisons, les religions se sont toujours souciées d'éducation, en accord ou en désaccord avec ceux et celles qui cherchent à organiser ou à contrôler les diverses communautés humaines, clientèle des religions. Car ceux et celles qui éduquent façonnent des mentalités et, de ce fait, exercent un certain pouvoir sur les populations. Là où il y avait désaccord est né le concept de laïcité dont le moins qu'on puisse dire est que, pas plus que la Société des Nations ou les Nations Unies, il n'a réussi à bâtir une paix durable. Tout au plus à humaniser les disputes. Car les enjeux sont nombreux.

Vision de société

Même quand il s'agit de sciences dites exactes comme les mathématiques ou la chimie, un bon enseignant éduque par ce qu'il est et pas seulement par ce qu'il dit ou explique. À un âge où les jeunes se cherchent des modèles d'adultes dont ils pourraient s'inspirer, un(e) professeur(e) peut avoir, parfois à son insu, une influence déterminante sur la croissance de ses élèves. À plus forte raison quand il ne s'agit pas seulement d'instruction mais aussi d'éducation.

L'éducation reflète la vision de société des éducateurs et du groupe humain où elle est donnée. Notre monde est, de plus en plus, une grande foire aux idéologies, qu'elles soient scientifiques, sociales, économiques, politiques ou religieuses; et les religions ont leur propres visions scientifiques, sociales, économiques et politiques. Comment être complètement neutre et impartial dans ce qu'on enseigne sans priver la matière enseignée d'une part de sa substance. Évoquer le bien commun dans une société qui prône l'individualisme à outrance, c'est déjà prendre une position politique qui n'est pas sans avoir des implications économiques, sociales et religieuses.

Morale

La plupart des religions sont censées aider leurs membres à développer leurs dimensions spirituelles, voire transcendantales. Dans la pratique, souvent elles ne dépassent guère la dimension morale et parfois celle d'une morale infantilisant qui ne se préoccupe pas de former des consciences et cherche plutôt à imposer une liste de « permis » et de « défendu ».

Ce phénomène est normal. Les leaders religieux sont dans une certaine position de pouvoir et la recherche du pouvoir ne va pas dans le même sens que la recherche de la spiritualité. Vouloir le « bien » de ses ouailles, à partir de ce que l'on croit être leur bien, n'est pas la même chose que de chercher à les aider à accéder à leur pleine liberté de fils ou de filles de Dieu. Même le Bouddhisme n'est pas à l'abri des dérives possibles sur l'humble chemin de l'accompagnement spirituel.

Il est plus facile d'enseigner des injonctions ou des interdits que d'éduquer à des valeurs, ce qui suppose qu'on les vive soi-même ces valeurs, ce qui est déjà plus exigeant. En fait une bonne part des impératifs moraux religieux sont de simples règles du vivre-ensemble des communautés humaines.

Par exemple la version la plus ancienne de la Loi de Moïse consiste surtout en des injonctions de nature religieuse. Comme cela n'a pas empêché la catastrophe que représente la déportation à Babylone un demi millénaire plus tard, les prêtres hébreux s'inspirèrent du code d'Hammourabi, vieux de 1200 ans mais encore à la base du mode de vie babylonien, pour réécrire le Décalogue que les Chrétiens adoptèrent, avec des modifications mineures, comme leur Dix Commandements. À noter que sept de ces commandements sont des interdits, prouvant bien qu'il est moins risqué d'interdire que de montrer la voie. La totalité de ces interdits se retrouve dans les lois édictées par les divers États de notre planète, même s'ils se déclarent ouvertement athées.

Les Parents

La plupart des gens vous diront que ce sont en priorité les parents à qui incombe la responsabilité d'éduquer leurs enfants; d'autres objecteront que bien souvent ils n'ont pas les qualifications pour le faire. C'est là une excuse toute trouvée pour se substituer à eux dans leurs tâches d'éducateurs plutôt que de chercher à les aider afin qu'ils puissent remplir eux-mêmes ce rôle. Alors l'école se charge d'éducation sexuelle, la même pour tous, comme elle s'est précédemment chargée d'éducation religieuse, là encore la même pour tous. Pourtant dans un cas comme dans l'autre, les jeunes ont plus besoin d'accompagnateurs que d'instructeurs.

Par exemple, lorsque durant les années 60, on s'est soucié de corriger les horreurs de l'ancien petit catéchisme, les parents ont été pris au dépourvu, au point de démissionner souvent de leur rôle d'éducateurs religieux et spirituels. Même phénomène pour l'éducation sexuelle: les sciences du corps humain ont apporté de nouvelles connaissances, mais qui s'est chargé de faire découvrir aux enfants que la sexualité a également une dimension spirituelle? À noter que dans les villages africains, c'est la communauté qui bien souvent assume ce rôle éducateur des parents.

Dans un monde en évolution accéléré, il n'est certes pas facile pour les parents d'être des éducateurs qualifiés. Mais ils ont toujours la ressource du fait qu'ils sont des éducateurs aimants, ce qui est aussi essentiel. D'ailleurs ni les religions, ni les systèmes officiels d'éducation ni les universités, ne s'avèrent capables bien souvent de négocier à temps les virages nécessaires pour préparer à vivre dans un mode en constante mutation.

Les Sciences

Les scientifiques, comme les leaders religieux, se croient facilement les dépositaires de la Vérité. En fait, ils ont droit à leur vérité, avec le devoir de se rappeler qu'elle requiert des mises à jour régulières et pas seulement au niveau de la formulation.

La science a cherché à se libérer du contrôle de la religion vers le milieu du dernier millénaire et l'opposition science-religion a été plutôt brutale jusqu'à récemment. Encore de nos jours, les fondamentalistes religieux, qu'ils soient chrétiens ou musulmans, continuent à enseigner ce qu'ils croient savoir sur les origines du monde et de l'espèce humaine. Or en science comme en religion, il faut avoir le courage d'enseigner les interrogations tout comme les certitudes du moment.

Une situation nouvelle est apparue avec ce que les physiciens quantiques ont révélé sur la réalité physique de la matière, à savoir que derrière chaque particule se trouve une onde qui lui indique comment se comporter. La science découvrait comme un aspect spirituel de la matière que les animistes avaient ressenti bien avant eux. Les religions, enseignées de nos jours de façon intellectuelle, ont, elles aussi, besoin de redécouvrir leur dimension spirituelle.

Il y a d'autres raisons qui retardent la révélation de vérités nouvelles, alors que l'on continue parfois à enseigner pendant des décennies des visions périmées. La médecine occidentale feint encore d'ignorer l'énergie qui anime les cellules du corps humain, celui-ci étant vu comme un simple assemblage de molécules. Alors on soigne les symptômes en introduisant dans le corps d'autres molécules, pour le plus grand bénéfice de l'industrie pharmaceutique qui finance les universités à condition que l'enseignement n'évolue pas. Peu importe que les effets secondaires des médicaments soit devenue la principale cause de mortalité dans notre monde.

D'ailleurs, toute recherche sérieuse de la vérité suppose que l'on reconnaisse le droit à l'erreur. Les erreurs sont souvent plus source de connaissance que les réussites. Peut-être que les sciences, comme les religions, ont longtemps eu et ont encore, par bien des aspects, une vision trop idéaliste de l'éducation. Une approche réaliste serait sans doute plus proche de la vérité qu'elles sont censées rechercher au lieu de croire qu'elles la possèdent déjà en plénitude.

Prosélytisme

Indépendamment de toutes les belles intentions avancées par les religions pour s'intéresser à l'éducation, il y a toujours eu pour elles un intérêt au point de vue du recrutement de leurs effectifs. Et cela dès le jardin d'enfants, car c'est surtout jusqu'à l'âge de sept ans que se forme la personnalité du futur adulte. « *En d'autres termes,* comme l'écrivent Bruce Lipton et Steve Bhaerman, *il est juste de dire que les six premières années de la vie d'un enfant se déroulent dans une sorte de transe hypnotique! Durant cette période, les perceptions qu'un enfant a du monde sont emmagasinées directement dans son subconscient, et ce, sans que l'esprit analytique conscient n'exerce de discrimination ou de filtrage, puisqu'il n'est pas encore pleinement formé. Par conséquent nos perceptions fondamentales sur la vie et sur le rôle que nous y jouons sont acquises sans que nous ayons la capacité de choisir ou de rejeter consciemment les croyances qui en résultent. Nous sommes alors tout simplement programmés* ».

De sept à onze ou douze ans, l'enfant demeure encore assez influençable et perméable; on pourrait presque dire façonnable. Puis à l'âge de la révolte adolescente, il y a le risque pour les religions que cette révolte se fasse contre les enseignants et même contre la religion qu'ils incarnent ou représentent.

Pour les sociétés, il y a le risque que certaines écoles religieuses soient des écoles d'obscurantisme, voire d'intolérance ou de fanatisme. Ceci nous ramène à certains des bienfaits de la laïcité, même si celle-ci peut revêtir les aspects d'une sorte de phénomène religieux avec ses obscurantismes, ses intolérances et ses fanatismes.

Ces diverses considérations ne visent nullement à nier le dévouement désintéressé de certaines congrégations religieuses au service de l'éducation des jeunes, ni le désir de leurs membres de transmettre aux jeunes générations ce qui leur semble être le meilleur pour eux.

Dans le cas des sciences, on ne parle pas de prosélytisme, mais comme nous l'avons dit, des intérêts puissants cherchent parfois à contrôler l'éducation à leur profit.

En conclusion, je laisse la parole à Khalil Gibran dans son livre *Le Prophète* :

« Aucun homme ne peut rien vous révéler sinon ce qui repose déjà endormi dans l'aube de votre connaissance.

Le maître qui marche à l'ombre du temple, parmi ses disciples, ne donne pas de sa sagesse mais plutôt de sa foi et de son amour.

S'il est vraiment sage, il ne vous invite pas à entrer dans la maison de sa sagesse, mais vous conduit plutôt au seuil de votre propre esprit. ...

Car la vision d'un homme ne prête pas ses ailes à un autre homme.

Et de même que chacun de vous se tient seul dans la connaissance de Dieu, de même chacun de vous doit être seul dans sa connaissance de Dieu et dans sa compréhension de la terre ».

11. Parole qui tue et Parole qui libère

Parole qui tue

À la une des médias la violence prédomine souvent. C'est elle que les commentateurs dénoncent, sauf quand ils la dissimulent. Mais la violence n'est pas à l'origine du mal qui ronge notre monde, elle n'en est que la conséquence. Le vrai mal, c'est la mort déguisée en vie, en un mot: le mensonge. C'est lui qui détruit plus profondément. Les victimes le savent, elles qui se battent davantage pour que la Vérité triomphe que pour apaiser la violence des assoiffés de pouvoir.

On n'a peut-être pas encore fait toute la lumière sur le drame rwandais de 1994. Mais il ne viendrait à l'esprit de personne de nier le rôle qu'y a joué la manipulation de l'opinion publique par les médias, en particulier par la « Radio Télévision Libre des Mille Collines » (RTLM). La technique de ce genre de manipulation est bien connue dans sa simplicité. On commence par effrayer les gens, les persuader qu'un danger les menace. Puis on oriente les réflexes d'auto-défense ainsi déclenchés.

La même technique est tout aussi efficace en Amérique du Nord, comme nous l'avons observé pour la guerre d'Irak. Les "élites" politiques elles-mêmes s'y sont laissé tromper. Mais on n'a pas compris la leçon alors que l'on tolère que la désinformation continue à être enseignée dans les universités américaines. Au risque de tuer la démocratie!

Cela amène à se questionner sur le droit de libre expression. Bien sûr il faut lutter pour le maintien de ce droit de libre expression si souvent menacé par les dictatures, les religions et les exécutifs des médias. Mais s'il existe déjà des législations pour contrer les appels à la haine et au racisme, ne faudrait-il pas se soucier aussi de contrôler les mensonges belliqueux de gens et de médias plus intéressés à favoriser les lobbies militaro-industriels qu'à établir la Paix dans le monde.

Pensons aussi à ces paroles qui dévalorisent et tuent l'espoir, qu'elles soient prononcées par un père: « Tu n'arriveras à rien dans la vie", un employeur: "Tu n'es bon(ne) à rien » ou un conjoint peu délicat: « Tu ne comprendras jamais rien ». Dans tous les cas, on retrouve le mot « rien » qui annihile.

Parole qui limite

L'usage de la Parole est une des caractéristiques de l'être humain, lui permettant de se dire et de communiquer. Chaque mot a un sens, ou plusieurs sens, plus ou moins bien définis et limités, mais la réalité ne peut pas forcément s'exprimer à l'intérieur de ces limites. Le mystère des êtres, et pas seulement des êtres humains, ne se laisse pas enfermer dans le corset des mots grâce auxquels nous aimerions tellement pouvoir saisir la réalité, au risque de tuer le mystère.

Une lecture rapide de la Bible amène à voir, dans le mythe de la Tour de Babel, une malédiction de Dieu provoquant la confusion des langues pour contrecarrer la concurrence des êtres humains. Je préfère y voir une grâce qui nous évite le risque, toujours actuel, d'une globalisation aveugle visant à faire disparaître les différences. La Parole nous est donnée pour que nous puissions nous dire, nous chercher, nous affirmer et nous reconnaître différents.

La langue que nous parlons nous caractérise et, malheureusement, elle a parfois tendance à exclure « les autres ». Il ne s'agit pas d'un problème linguistique que pourrait résoudre un bon système de traduction. Chaque langue véhicule des aspects culturels qui ne sont pas forcément exprimables dans une autre langue. Dès lors, il ne s'agit pas de traduire mais d'essayer de changer de perspective, de prendre de la distance vis-à-vis de nos croyances pour pouvoir entrer dans la vision de l'autre. Le mythe de Babel ouvre sur une des grandes richesses de la race humaine: sa diversité.

Parole source de Vie

La Parole, mode d'expression de la connaissance, devient de ce fait support de la connaissance, et pas seulement de la connaissance rationnelle. C'est bien souvent en se disant, ou au moins en essayant de se dire, que l'on apprend peu à peu à se connaître. La langue que nous parlons conditionne ce que nous sommes et ce que nous devenons. Mais nous n'en sommes pas esclaves.

On parle beaucoup de nos jours d'identités multiples, mais il me paraît plus exact de parler d'appartenances multiples, notre identité demeurant unique, au double sens de seule et de particulière. Notre langue maternelle est du domaine des appartenances, avec lesquelles nous pouvons prendre des distances pour être fidèles à notre identité véritable. Cette langue elle-même peut évoluer, et souvent plus vite qu'on ne le croit, au moins au niveau de ses significations.

Par ailleurs nous recevons, dans la communication, d'autres Paroles qui peuvent devenir chair en nous. Et ceci quelle que soit la langue dans laquelle elles sont prononcées. C'est parfois même la Parole que nous avions autrefois dite qui nous revient soudain, chargée d'un sens que nous n'y avions pas mis initialement. Car il n'y a pas que les Paroles qualifiées d'"inspirées" qui peuvent avoir divers niveaux de signification.

De nos jours, des scientifiques vérifient que la Parole, comme d'ailleurs la pensée qui lui a donné naissance, est capable de modifier cette énergie dont nous savons maintenant qu'elle constitue la matière. Paroles d'Amour, Paroles de bénédiction, autant de moyens de transformer le monde qui nous entoure et dont nous faisons partie. Avec bien sûr l'effet contraire si nous ne savons pas aimer.

Parole qui libère

Parfois la Parole passe à travers nous comme à notre insu. D'où la nécessité de purifier notre langage. Qui de nous ne s'est pas fait dire un jour: « Tu as dit telle chose qui m'a beaucoup aidé(e) », alors que nous n'avons peut-être aucun souvenir précis de la conversation en question. Dans d'autres cas, ce sera la qualité de notre écoute qui sera reçue comme Parole libératrice. Car il ne suffit pas de dire: « Je te comprends ». Il faut comprendre avec le cœur et en témoigner; pas forcément de façon verbale. N'oublions pas que dans une conversation entre Occidentaux, le non-verbal représente déjà plus de la moitié de la communication. Le non-verbal peut lui aussi être très agressif et destructeur, mais, dans d'autres cas, il dit, mieux que bien des mots, la compassion et l'empathie. Et tout à coup l'interlocuteur vous charge de transmettre à une tierce personne un message qu'il n'a pas la force de transmettre par lui-même, comme des paroles de réconciliation qu'il a peur de voir rejeter. Car il faut quand même quelques mots, pour dénouer des situations inextricables ou pour simplement dire: « Je t'aime ».

Pour que la parole soit libératrice, il est sans doute nécessaire que celui qui la prononce ait lui-même au moins amorcé une démarche de libération, qu'il ait pris un certain recul par rapport à ses appartenances pour vivre son identité. Trouver son identité, c'est très souvent parvenir à se dire, indépendamment des clichés culturels et de la pression sociale. Nos appartenances peuvent être utilisées pour définir notre « moi », en quelque sorte à partir de considérations extérieures à nous-mêmes. Dans ce « moi », on peut végéter comme dans un cocon douillet. *Se libérer, c'est passer du « moi » au « Je »* ; un « Je » conscient, responsable, ouvert au monde et aux autres; un « Je » qui s'exprime par tout son être, qui est devenu Parole et n'a pas forcément besoin de recourir aux mots.

La libération collective ne peut être que le fruit de beaucoup de libérations individuelles. Sinon, elle n'est qu'un déplacement de l'esprit tribal. Est-il possible d'exprimer dans des mots une telle libération collective, sans que ces mots deviennent l'entrave d'une plus haute liberté? L'humanité, dans sa marche vers elle-même, apportera peut-être un jour une réponse à cette question.

Parole révélée

La plupart des religions vénèrent la Parole révélée par le canal de leurs fondateurs ou de certains de leurs disciples, eux aussi inspirés. Cette parole-là a également besoin d'être périodiquement libérée. Tout d'abord de la coloration spéciale qui provient du canal lui-même; il suffit de comparer les quatre Évangiles canoniques pour s'en convaincre. Le récit est aussi influencé par les formes littéraires en usage lors de la rédaction initiale et des transcriptions qui ont suivi. Car, outre leurs erreurs involontaires, les scribes peuvent avoir cherché à « améliorer » le récit pour mettre mieux en valeur le sens qu'ils lui donnent; que l'on pense aux corrections faites aux manuscrits de Thérèse de Lisieux par sa sœur aînée et supérieure à laquelle le sens profond du texte échappait et que sa nouveauté effrayait.

Il y a surtout le danger des traductions, principalement quand les mots de la langue d'origine offrent une grande variété de significations comme cela se produit avec l'hébreu. Dans ce cas, il faut parfois plusieurs phrases pour rendre justice à la richesse d'une seule phrase du texte original. Même avec le grec on peut arriver à des résultats surprenants. Prenons le cas de la prière du Notre Père. Le grec d'origine de l'évangile de Matthieu ne parle ni de « pain » ni de « quotidien ». Une traduction littérale du grec évoquerait plutôt « la nourriture supra-essentielle », terme qui ouvre d'autres horizons possibles à l'imagination de la personne qui prie.

Mais déjà le grec évangélique était une traduction de l'araméen, la langue que parlait Jésus. Or l'araméen est encore parlé dans certaines régions chrétiennes du Nord-est de l'Irak. Neil Douglas Klotz, théologien exégète a donné récemment une traduction « possible », en anglais, du Notre Père encore récité en araméen dans ces régions. À mon tour, j'ai cherché à en donner une traduction la plus fiable possible à l'attention de francophones nord-américains du vingt-et-unième siècle. En voici le résultat:

Ô, Source de toute Vie
Que ton énergie illumine le Cosmos
Que ta Lumière nous pénètre et nous féconde
Que ta présence soit source de Vie en toutes choses
Que ton désir d'Unité et d'harmonie rayonne
Dans la totalité de l'univers
Ainsi que sur notre Terre.
Donne-nous chaque jour les nourritures et la Sagesse
Dont notre corps et notre esprit ont besoin.
Dénoue les liens de nos erreurs qui nous entravent
Comme nous aidons les autres à se libérer de leur culpabilité.
Ne permets pas que ce qui est superficiel
Nous détourne de notre être profond
Mais libère-nous de ce qui nous empêche d'avancer
Vers notre réalisation.
AMEN

Je peux témoigner que beaucoup de mes contemporains et contemporaines, très éloignés de toute préoccupation religieuse, trouvent d'emblée dans ce texte un souffle qui libère. Le but de la prière est-il de chercher à changer le cœur de Dieu ou notre propre cœur?

12. Rôle du christianisme dans l'évolution du monde

Quel Christianisme?

On m'a demandé d'évoquer le rôle que pourrait/devrait jouer le Christianisme dans l'évolution future du monde. Mais faut-il parler du Christianisme ou des christianismes tellement sont variées les manifestations de la nébuleuse chrétienne? Plus important peut-être est de ne pas nous laisser enfermer dans les expressions qu'ont prises les religions chrétiennes dans le passé ou qu'elles ont de nos jours, pour pouvoir nous tourner vers ce qu'elles pourraient/devraient devenir pour que l'évolution du monde nous rapproche du *Royaume de Dieu*. Notons que d'emblée nous buttons déjà sur un premier écueil, le mot *Dieu*, chargé de sens tellement multiples et qui nous cache plus qu'il ne nous révèle l'indicible. Désormais j'essayerai d'utiliser des noms moins piégés tels que l'UN ou Le Vivant.

La Bonne Nouvelle que voulaient répandre ceux qui avaient été au contact de Jésus de Nazareth n'était-elle pas, à l'origine, comme une « sortie de la religion » pour devenir une église, c'est-à-dire une communauté de partage? Cette communauté qu'évoquent les récits des Actes des Apôtres, nous la retrouvons dans ce chant populaire brésilien inspiré du livre du prophète Isaïe:

> *«Et quand les faibles se rassembleront*
> *Un appel retentira:*
> *'Le Sang de l'Agneau*
> *En vain n'a pas été répandu!'*
> *Tout l'éventail de la misère*
> *Dont le peuple est chargé*
> *Annonce une terre nouvelle*
> *UN PEUPLE RESSUSCITÉ».*

Une « *terre nouvelle* », ce chant est dans la ligne de notre sujet; un « *peuple ressuscité* », ces deux mots ne résument-ils pas l'essence du Christianisme dont on peut rêver? Un peuple « *lumière des Nations* », pour reprendre un autre appel du prophète Isaïe; un peuple éclairant le monde, non pas avec une statue de bronze, mais par le regard de ses hommes et de ses femmes qui sachent voir en tout homme et en toute femme la beauté et le reflet d'une lumière dont l'origine nous dépasse.

Le flambeau de la Liberté

Car il s'agit bien de Liberté! Non pas une liberté que l'on attend passivement ou qui nous serait transmise par nos parents ou par notre culture, mais une Liberté à inventer au fil des jours. Comme le fait remarquer Benoît XVI dans son encyclique *Spe Salvi*, morale et éthique sont à repenser au jour le jour: « *La liberté présuppose que dans les décisions fondamentales, tout être humain, chaque génération, est un nouveau commencement (# 24)* ». Il faudra que d'autres textes suivent et qu'ils soient des exhortations pressantes à prendre cette Liberté qui est l'essentiel du Christianisme, même si cela sera vécu comme un séisme par l'*establishment* religieux.

Le Bon Pasteur de l'Évangile de Jean est celui qui fait sortir les brebis de l'enclos où elles sont en sécurité, pour leur faire goûter la Liberté où elles pourront s'épanouir. Le Christianisme officiel apprendra-t-il à s'abstenir de définir Le Vivant, pour mieux pouvoir accompagner ceux et celles qui le cherchent? Saura-t-il éduquer à la Liberté? Saura-t-il faire découvrir le côté mythique des Écritures où l'Esprit s'adresse personnellement à chacun et chacune des chercheurs de Dieu, au-delà des formulations rationnelles qui cherchent à enfermer la Vérité dans le corset des mots? « *La Création toute entière attend cette manifestation des fils et des filles de l'UN* », signe d'une *Terre Nouvelle*, d'un Cosmos transfiguré, ressuscité. N'en déplaise au paragraphe 23 de cette même lettre *Spe Salvi*, cette manifestation ne sera pas *« la victoire de la raison sur l'irrationalité »*, car comme Paul l'annonce aux Corinthiens, *« la folie du Vivant est plus sage que les êtres humains »*. Dans l'UN se vivent toutes les dimensions de l'Être, et cela inclut le rationnel et le non-rationnel. Le droit de ne pas se laisser guider uniquement par la raison fait partie de notre Liberté essentielle. Il est indispensable pour que la création puisse advenir, y compris la création scientifique. « La pensée appartient au monde créé, l'intuition au monde créateur ».

Différents niveaux d'être

Moins uniquement rationnelles que les philosophies occidentales, les cultures orientales ont davantage exploré les divers niveaux d'existence des êtres humains. Ce qui est parfois difficile à saisir pour un Occidental, c'est qu'aucun de ces niveaux n'exclut les autres, mais au contraire leur est complémentaire pour former l'être complet. Le Christianisme occidental a privilégié le rationnel sur l'émotionnel, le spirituel sur le psychique. Le développement de la psychologie a redonné sa place au psychique, mais trop souvent en niant les dimensions spirituelle ou mystique de l'être humain. La pédagogie pour explorer ces divers niveaux d'être est encore à l'état embryonnaire dans notre culture, même si les Béatitudes résument bien cet itinéraire de croissance qui fut celui de Jésus de Nazareth. Tout naturellement, elles aboutissent à ces bâtisseurs et bâtisseuses de Paix que nous ne savons pas être et qui pourtant sont essentiels pour l'avenir de notre monde. Si cette éducation n'est pas faite, rien n'empêche le premier Hitler venu de se faire élire <u>démocratiquement</u> par un peuple qui se dit chrétien.

La théologie chrétienne occidentale se doit de sortir de son rationalisme pour découvrir l'humain complet. Aussi surprenant que cela puisse nous paraître, ce sera peut-être la science moderne, à saveur quantique, qui aidera les religions, aussi bien que la science traditionnelle, à sortir d'un rationalisme étroit.

Incarnation

Le Christianisme est, à son origine, la religion de l'Incarnation, et cela passait par la libération de l'emprise des prêtres et des théologiens de l'époque. Saisi de Joie dans l'Esprit, Jésus réalise que ce sont les gens considérés comme sans importance et « non instruits » qui peuvent comprendre son message. Paul le confirmera aux Chrétiens de Corinthe où peut-être les intellectuels et les gens influents avaient tendance à tenir trop de place. Il leur explique qu'en quelque sorte, l'Église n'a pas à être la voix des pauvres, mais que les pauvres sont la voix de l'Église! Les experts auront peut-être encore un rôle à jouer dans la construction du monde de demain, mais il n'y aura un monde de demain que s'ils savent entendre la voix des plus pauvres et des non instruits.

Le Christianisme naissant avait su aussi se mettre à l'écoute de l'intuition...et de la mystique des femmes. Il s'est désincarné rapidement en redonnant la priorité à la raison masculine. Mais, ce faisant, il a dépouillé de sa « Folie » la Croix du Christ. Au troisième siècle de notre ère, une femme écrivait déjà: *« Je suis la première et la dernière. Je suis la prostituée et la sainte. Je suis l'épouse et la vierge ... Je suis la mère de mon père et la sœur de mon mari ...Dans ma faiblesse ne m'abandonnez pas et n'ayez pas peur de mon pouvoir ... Pourquoi m'avez-vous détestée dans vos assemblées? »*

Jésus de Nazareth nous est présenté comme Parole vivante, toujours nouvelle, capable de rejoindre chacun dans sa Vérité. Les dogmes ont détruit le caractère multiple du vrai. Le monde de demain ne sera pas bâti par des doctrinaires du vrai, du bien, du rationnel.

Il sera l'œuvre de ce qu'on pourrait ranger sous le terme de société civile – ou ce qui en tiendra lieu dans le futur. Sinon, il ne sera pas!

Vie et croissance

Nous avons donc à choisir entre une foi intellectuelle et la Vie. Dans un monde soumis à la loi de l'entropie, qui est la dégénérescence progressive de l'énergie, l'avenir dépend de notre relation aux forces de Vie nouvelle. Paul de Tarse, il y a près de deux mille ans, mettaient déjà ses contemporains en garde contre les forces de Mort qu'il résumait à trois principales: Le Mal (ou péché), la Loi (contrôlée par la religion) et la Chair, qui n'est pas le sexe et qu'on pourrait partiellement traduire pas « le Système », c'est-à-dire certaines échelles de valeurs de notre monde. De nos jours, le « Système », c'est sans doute principalement l'idéologie du Marché, basée sur la compétition entre les vivants. Or, c'est la coopération plus que la compétition qui va dans le sens de la Vie. Il y a plus d'un siècle, Darwin écrivait déjà que les communautés qui prospéraient le mieux étaient celles *« comportant le plus de membres bienveillants à l'égard des autres »*.

Une certaine forme de christianisme a eu tendance à réprimer le désir, alors que l'héritage biblique est à l'opposé de cette tendance. *« Pars vers toi »*, tel est l'appel du Vivant à Abraham, repris par l'Amant du Cantique des cantiques: *« Va vers toi-même »,* dit-il à sa bien-aimée. Le Dieu des Chrétiens n'est pas le Dieu transcendant, lointain et extérieur à nous, mais le Un qui est Vie en nous, le Vivant qui s'efface pour que l'Esprit puisse venir; l'Esprit qui est source de Vie mais que les responsables religieux ont facilement tendance à coloniser; l'Esprit devant qui s'inclinent les grands savants du vingtième siècle – pensons à Einstein ou Max Planck – et les biologistes modernes qui explorent le mystère de la Vie. Le Christianisme survivra s'il accueille et transmet un Esprit qui est source de Vie. Le monde aura un futur s'il sait accueillir un Esprit qui est source de Vie, quelles qu'en soient les spiritualités porteuses.

« Le Vivant, on ne peut le voir que de dos », dit la Bible, c'est-à-dire quand on regarde dans la même direction que lui, qui est la direction de la Vie et qui est aussi celle de l'Amour. Toute Vie est comme une mélodie qui a des harmoniques à nos différents niveaux d'être, physique, psychique, spirituel, mystique, etc. Le Christianisme, comme toute religion, devrait être école de cette Vie en plénitude.

Cosmos

« Le Vivant règne par nous », écrit Paul aux Éphésiens, *« et il est Père par nous »*. Ce n'est pas forcément son seul moyen d'action, mais c'en est un que les scientifiques ont exploré pour constater: *« Quand un petit pourcentage d'une population réalise la paix intérieure, cela se reflète dans la Vie autour »*. Dans L'Église primitive, le « péché » était avant tout division, et c'est là encore ce que nous rappelle *Spe Salvi*. Non seulement *« nous sommes tous reliés »*, comme l'expriment nos frères amérindiens, mais nous sommes l'énergie même qui forme le Cosmos, qui le crée au jour le jour. Nous sommes l'Avenir du Monde, le Sel de la Terre, la Lumière du Monde. Non pas pour le Cosmos, mais avec lui. Le Christ est le Roi de l'Univers; C'est le Cosmos entier qui doit être transfiguré, devenir Lumière. Et le Christianisme est partie intégrale de ce Monde-là.

Comme l'écrit le biologiste Bruce Lipton: *« Les plus récentes découvertes en physique et en recherche cellulaire établissent de nouveaux liens entre le monde de la science et celui de l'esprit. Ces domaines ont été séparés à l'époque de Descartes, il y a des siècles. Cependant je crois sincèrement que ce n'est que lorsque l'esprit et la science seront réunis que nous aurons les moyens de créer un monde meilleur »*. La chanson du « Gueux pèlerin » évoque ce monde meilleur comme *« un palais de lumière, palais où réprouvés auront place première »* ; ou, comme le dit le psaume, où *« la pierre rejetée par les bâtisseurs sera devenue la pierre d'angle »*. Mais, dans l'UNité réalisée, ces formulations encore teintées de dualisme ne devraient plus avoir leur place. Il ne devrait plus y avoir de place que pour la Joie. Et si c'était là précisément la mission du Christianisme que de contribuer à bâtir un monde de Joie? La Joie, qui selon la Kena Upanishad des Hindous, est le nom même du Vivant!

13. À propos des religions aux États Unis

Les religions américaines, une nébuleuse

Essayer de parler en quatre ou cinq pages des religions aux États-Unis, sans aboutir à des clichés simplistes relève de la gageure. Les dénominations et Églises chrétiennes américaines se comptent par milliers et leurs budgets cumulés dépassent les 100 milliards de dollars annuels. Parmi ces dénominations, environ une vingtaine a plus d'un million de membres ; la plus importante est l'Église catholique avec à peu près 62 millions de fidèles, même si ce sont au total les Protestants qui sont les plus nombreux car ils rassemblent 60% de la population américaine totale. La pratique dominicale, quant à elle, dépasse les 40%, surtout dans le sud du pays. Quand on parle des « évangéliques », on évoque un archipel religieux qui va de l'afro-américain Jesse Jackson, à la gauche du parti démocrate, au télévangéliste ultra conservateur Pat Robertson, à la droite du parti républicain.

En marge des Églises chrétiennes, nous trouvons les cinq millions de Mormons et deux millions de Témoins de Jéhovah. À côté du Christianisme, il y aurait un peu plus de six millions de Juifs, au moins autant de musulmans et 200 000 Bouddhistes.

On trouve aussi 7000 versions différentes de la Bible et les Gédéons font imprimer chaque année 8 millions d'exemplaires de la version qu'ils se sont donné mission de diffuser.

La vague militante

Beaucoup de ces Églises sont jeunes et en constante évolution. Certaines d'entre elles ont vu le jour avec la guerre de Sécession qui date de moins de 150 ans, c-à-d de l'époque à laquelle les Églises du sud ont contribué à empêcher la révolte des esclaves –la déségrégation raciale n'est survenue qu'une centaine d'années plus tard, il y a tout juste 40 ans. Dans cet entre-temps, beaucoup d'Églises encourageaient qu'il y ait des dénominations noires et des dénominations blanches différentes. Le Ku Klux Klan se donnait des allures religieuses et dans certains États, le mariage entre Blancs et Noirs a été interdit par la loi jusqu'au début des années 60, sans que la majorité des Églises n'y trouvent guère à redire. La lutte contre la ségrégation a commencé à avoir un support des Églises du sud aux environs de 1954. Cette date correspond entre autres à la prise de position officielle de Billy Graham sur cette question. Mais la lutte non-violente pour la déségrégation, autour du personnage charismatique de Martin Luther King Jr, durera encore 10 ans. La déségrégation religieuse sera plus lente que la déségrégation politique et il faudra attendre 1995 pour que la *Southern Baptist Convention* demande pardon pour ses anciennes positions esclavagistes.

Le choc de la seconde guerre mondiale a provoqué un retour en force du thème de la conversion et de l'évangélisation avec un gonflement des effectifs des Églises, surtout dans le sud. 25 ans plus tard, le début du grand projet politico-religieux réactionnaire est venu apporter une coloration nouvelle, mais force est de reconnaître que, durant la dernière décennie du $20^{\text{ième}}$ siècle, la pratique religieuse a affiché une certaine baisse. Il est trop tôt pour diagnostiquer l'effet durable du choc du 11 septembre 2001.

Des Églises démocratiques

Il y a plus de 250 ans, des hommes, tel que le calviniste Jonathan Edwards et l'anglican George Whitefield ont appelé à un réveil de la foi, une conversion qui avait préséance sur les traditions hiérarchiques. C'est la congrégation locale qui a priorité sur la hiérarchie, l'engagement est plus important que la théologie. Dès le 18ième siècle les femmes votent dans les assemblées évangéliques, qu'il s'agisse des activités, du budget ou du choix du pasteur. Le mouvement pentecôtiste relancera cette tendance dès la première moitié du 20ième siècle : non pas une Église pour les pauvres, mais une Église des pauvres. Ne soyons pas surpris que ces derniers s'y sentent plus à l'aise que dans les Églises à structure hiérarchique. Les membres de ces Églises démocratiques décident de ce qui les concerne, ou, au moins, ils en ont l'impression. Peuvent-ils être en rapport avec leur Dieu intérieur ou sont-ils trop profondément conditionnés par des prédicateurs charismatiques ou soumis au lavage de cerveau de ce qu'on appelle la *Religion civile*, un genre d'idéologie politique à la sauce religieuse dont nous parlerons plus loin ? Largement soutenue par les médias, cette *Religion civile* a finalement plus de poids que les prises de position des représentants officiels des diverses dénominations religieuses. Elle donne naissance à un conformisme de masse, assez éloigné de ce que l'on pourrait appeler une saine démocratie. En autant que les membres des Églises sont intoxiqués par la « pensée groupale » diffusée par les médias, les détails de la vie quotidienne de leur communauté peuvent sans risques être abandonnés à leur initiative ou à l'influence d'un prédicateur plus soucieux d'Évangile que de politique.

Principales structures ecclésiales

Jusqu'au milieu du 18ième siècle, le paysage religieux américain était dominé par les dénominations européennes des peuples fondateurs, en particulier anglicane, presbytérienne, luthérienne et catholique. C'est à partir de 1750 que l'on observe, en un quart de siècle, un développement très important, surtout dans le sud, des communautés baptistes et méthodistes, ainsi que des Quakers. Ce sont ces dernières dénominations qui ne nous sont pas familières et sur lesquelles je m'étendrai plus que sur les Églises catholique, épiscopale (branche américaine des Anglicans) et presbytérienne dont nous avons des équivalents au Canada. Le développement de ces nouvelles Églises coïncide avec l'évolution du pays vers son indépendance de la tutelle anglaise.

La Guerre de Sécession fut une guerre « religieuse » qui, pour un temps, créa comme une union sacrée entre les Églises du sud. Elles avaient autant d'arguments bibliques pour justifier l'esclavage que leurs sœurs du nord en avaient pour le condamner. La défaite du sud y fit apparaître une culture fondamentaliste avant l'heure, basée sur « la religion du bon vieux temps » par opposition aux nouveautés des intellectuels des grandes villes du nord des États-Unis.

Une autre étape religieuse importante est la création en 1942 de la *National Association of Evangelicals*, partisans d'une « voie médiane » visant à rassembler le plus grand nombre possible de protestants évangéliques, en se distinguant du Conseil américain des Églises chrétiennes, jugé trop fondamentaliste, et du Conseil national des Églises considéré comme trop libéral. C'est dans cette nouvelle ligne de pensée que se situe Billy Graham et sa *Billy Graham Evangelical Association* qui a eu une importance énorme dans l'évolution de la pensée religieuse américaine, tout en faisant tomber certaines barrières entre le nord et le sud dont Billy Graham était issu.

Entre temps, à la toute fin du 19ième siècle était né le Pentecôtisme mettant de l'avant la spontanéité des impulsions de l'Esprit Saint qui ne respectait pas les barrières de race de la ségrégation. Le Pentecôtisme a pu être considéré comme la religion des déshérités. Pour lui, la conversion doit s'accompagner du baptême dans l'Esprit Saint.

En ce début du 21ième siècle, les grandes organisations religieuses que l'on retrouve dans le sud des États-Unis sont : la *Southern Baptist Convention* qui s'est singularisée en appuyant la guerre contre l'Irak en 2003 ; la *Southern Christian Leadership Conférence*, héritière des luttes de Martin Luther King et dont Jesse Jackson serait sans doute la figure la plus représentative de nos jours. Plus fondamentaliste que la *Southern Baptist Convention*, nous trouvons la *Bible Baptist Church*, riche et intransigeante, fondée au début de 1957.

Sébastien Fath, qui a longuement étudié le phénomène religieux aux USA, distingue cinq types de fondamentalisme rien que dans le sud du pays : il y a le fondamentalisme politique de la *Christian Coalition* de Pat Robertson ; un fondamentalisme missionnaire, un autre centré sur la solidarité avec les mal nantis ; une autre variante insiste sur le comportement individuel et la cinquième est centrée sur la vie spirituelle, la prière et l'immersion dans la Parole de Dieu. La « Nouvelle Droite Chrétienne » appartient au premier de ces types. Très opposée à Billy Graham, elle est plus proche de son fils Franklin, beaucoup plus radical, qui cherche à lui succéder. La Nouvelle Droite chrétienne a connu ses années de gloire durant les présidences de Reagan et de Bush père. Mais les associations ne manquent pas et le Conseil international des Églises, plus ancien, était déjà dans cette même ligne fondamentaliste. Par contre, la *United Methodist Church*, à laquelle s'est rattaché George W. Bush après son mariage, après être passé par les Églises presbytérienne et épiscopale, est beaucoup plus pluraliste que la *Southern Baptist Convention*. En particulier, elle s'est opposée à la guerre contre l'Irak.

Caractéristiques communes du Protestantisme américain

Malgré la diversité des dénominations et des associations d'Églises, on retrouve un certain nombre de caractéristiques communes au christianisme américain.

-Il s'agit de religions de l'engagement plus que du dogme, et la place de la Bible y est centrale.

-Ce qui est important, c'est la « conversion » ou la nouvelle naissance (*Born again*), plus que l'appartenance à telle ou telle dénomination. De fait, la compétition entre les Églises est considérée comme stimulante, au même titre que la loi du marché pour l'économie.

-Culturellement, la pratique dominicale est considérée comme un plus dans l'image que donne de lui-même l'Américain moyen. La prospérité matérielle, individuelle ou collective, est facilement vue comme une récompense de Dieu, en lien avec la piété de l'individu ou sa moralité sexuelle. La prière est suffisamment importante pour qu'elle ait sa place à la Maison Blanche et pas uniquement avec le président George W. Bush.

Le Messianisme

Le « Messianisme » mérite une mention spéciale parmi ces caractéristiques des Églises américaines. On peut y voir un héritage des *Pilgrim Fathers*, convaincus en 1630, par un sermon du gouverneur John Winthrop, qu'ils avaient à fonder un monde exemplaire sur lequel tous les peuples auraient les yeux fixés, par opposition à la corruption dont souffraient les vieux pays d'Europe. Ce rôle messianique a été endossé par les Églises, mais aussi par les présidents successifs des États-Unis, en passant bien sûr par Thomas Woodrow Wilson, mais aussi par Reagan, Bush père et Clinton avant d'aboutir au président actuel.

C'est là le fondement de la Religion civile qui dit au monde : « Soyez comme nous car Dieu le veut ! ». Le mode de vie américain a été sacralisé. Il est identifié au « Bien » qui s'oppose à l'axe du Mal, dont faisait partie l'Irak qui a eu le malheur d'être le pays le moins coûteux à attaquer. Le Dieu de l'Amérique est universel et donc destiné à toute la planète. C'est la faiblesse des Catholiques américains de présenter un Dieu qui ne serait pas « made in USA ». Les sacrifices réels que les Américains font pour la « liberté des autres » sont parfois présentés comme un cadeau de Dieu à l'humanité ... en attendant le retour du Christ que des auteurs comme Tim Lahaye prévoient comme imminent. Tim Lahaye a déjà vendu 55 millions de livres !

Il est cependant dommage que la vision morale de l'Amérique sur elle-même soit plus héritière du puritanisme et de la prohibition que d'une lecture attentive du Sermon sur la Montagne et de ses exigences de justice. Certains prédicateurs ont eu le courage de voir, dans les attentats du 11 septembre 2001, la conséquence d'une décadence morale des Américains. Mais ils référaient à la morale sexuelle, pas à l'exploitation éhontée des richesses du Tiers Monde ou à la terreur exercée par la CIA. Je n'ai trouvé que Robert Bowman, ancien officier de la guerre du Vietnam et maintenant évêque de Baie-Melbourne en Floride, qui ait eu la clairvoyance et l'audace de découvrir ces autres raisons du drame. Et qui se soucierait de rappeler que l'entreprise de George W. Bush a été sauvée de la faillite par la BCCI avec l'argent du crime organisé... sans nul doute préalablement blanchi ! Respectabilité oblige.

Quand la société américaine devient son propre absolu, quand la lutte contre le terrorisme reçoit le nom d' « Opération Justice Infinie », les risques de dérapage deviennent assez grands. Dieu devient le conseiller principal du président, et celui-ci risque involontairement de lui faire dire ce qu'il veut entendre. La religion devient alors idéologie. Par exemple, le « rétablissement d'Israël », cela même que Jésus de Nazareth s'était refusé à accomplir, devient mission divine, préambule au retour du Christ en gloire. Mais quel Christ ? Il s'est développé aux États-Unis au cours des dernières décennies un « sionisme chrétien » dont Colin Chapman dès 1998 considérait qu'il rassemblait déjà 40 millions de chrétiens évangéliques américains qui fondent la légitimité de l'État d'Israël sur les prophéties bibliques. Ce courant de pensée semble ignorer que le Sionisme est une idéologie essentiellement laïque qui soulève beaucoup d'opposition dans certains milieux religieux juifs. Pour ces derniers, Israël doit être reconquis par la « Loi de Sainteté » du livre du Lévitique et non pas par les armes ou la politique. Ils ne souhaitent pas que les vraies religions servent de caution morale à des choix essentiellement politiques et économiques quand la Religion Civile américaine se porte au secours de la « religion civile » israélienne.

Religions et politique

Les Américains ont toujours voulu séparer les Églises de l'État, mais ils n'ont jamais dissocié politique et religion. Le président est responsable de ses actes, non seulement devant la loi mais aussi devant Dieu. Toute responsabilité politique devient, ipso facto, une responsabilité religieuse. De fait, en 1954, la mention de Dieu a été rajoutée dans le serment d'allégeance. Certes, il était évident que Dieu était colistier de Bush pour l'élection de 2004, mais Dieu était déjà présent à la Maison Blanche du temps de Bill Clinton et de ses prédécesseurs. Mais quel Dieu ? Le premier Dieu de l'Amérique ne serait-il l'Amérique elle-même ? Pour gouverner les États-Unis aujourd'hui, il n'existe qu'une seule recette que George W. Bush connaît bien : Il faut allier un pragmatisme bon teint, un solide patriotisme (America first) et une religion civile tempérée. Billy Graham était le prophète reconnu, mais le grand-prêtre c'est le président lui-même qui, tel Caïphe, joue aussi le rôle de sacrificateur chargé de protéger la Nation.

Cela étant, le rôle dévolu aux Églises par le pouvoir est de protéger l'ordre établi. Ce fut déjà le cas dans le sud lors de la Guerre de Sécession ; défendre l'institution de l'esclavage était une tâche religieuse. Les Églises évangéliques ont toujours été reconnues comme très efficaces pour le contrôle social des populations. Aujourd'hui encore, à l'heure de la Religion Civile, si le Dieu chrétien conserve une pertinence, c'est pour tranquilliser et moraliser le peuple. F. D. Roosevelt aurait déclaré : « Vous n'avez rien à craindre, sinon la peur elle-même », mais, dès Harry Truman, ses successeurs ont largement et de plus en plus utilisé la peur comme moyen de régner. Ce faisant, ils suivaient le conseil déjà émis par Carl Schmitt en Allemagne au moment de la montée du Nazisme : « La politique, c'est essentiellement la désignation d'un ennemi ». Les Églises, dont le rôle aurait du être de libérer leurs membres de la peur, ont trop souvent, elles aussi, utilisé la peur pour les contrôler ... ou les asservir.

Il ne nous appartient pas de juger si la foi d'un président des États-Unis est calculée ou réelle. Sans doute les deux à la fois. On peut penser que des raisons politiques ne sont pas étrangères à la « conversion » de George W. Bush et à sa décision d'arrêter de boire de l'alcool, et il est certain que son réalisme politique n'est pas uniquement influencé par les Béatitudes. Des décisions telles que le refus de la grâce de Karla Faye Tucker ou la guerre d'Irak semblent tenir moins compte de l'opinion officielle des Églises que de la « relation directe » du président avec Dieu, ou de sa connaissance de la mentalité des électeurs et électrices conditionnés par les médias. Certains de ses discours sonnent comme des homélies, mais le dieu qu'il évoque ressemble à celui d'un consensus culturel justifié par des citations bibliques. Le parcours religieux de la nouvelle Secrétaire d'État, Condoleezza Rice, est plus difficile à définir. Mais cette absence d'étiquette claire peut être une façon d'être vénérée par un plus grand nombre.

La tendance des « Nouveaux Démocrates », dont fait partie John Kerry, n'est pas très éloignée de celle des nouveaux conservateurs républicains, même s'ils prônent une action plus multilatérale de l'Amérique en politique étrangère.

Mais leur ralliement aux idées conservatrices vient-elle d'une conviction ou d'une tactique électorale ? Je ne pense pas en tout cas qu'ils iraient aussi loin que George W. Bush pour « libérer » les pauvres de la tutelle de l'état providence afin de leur rendre leur « dignité » ; à supposer que celle-ci soit mieux respectée par la façon dont les Églises distribuent leurs secours que par la façon dont l'État le fait.

Certains auteurs américains estiment que la Religion Civile américaine ne serait qu'une sorte de nationalisme arrogant. « Sur cette terre, l'œuvre de Dieu passe vraiment par nos mains », déclarait déjà John F. Kennedy. Mais quel Dieu ? La « religion de la Maison Blanche » est-elle encore une religion, ou une simple idéologie où Dieu, vice-président des Etats-Unis, sert de caution aux « bons » qui font la loi ? En fait les décisions sont prises par des lobbies déconfessionnalisés, en fonction de « l'intérêt vital » des États-Unis plus que d'une quelconque moralité internationale. Dans les quatre années qui viennent les néoconservateurs et les groupes religieux d'extrême droite, qui contrôlent le pouvoir, vont sans doute chercher à faire œuvre durable en l'absence d'opposition. Gageons que le lobby militaro-industriel, proche de la famille Bush, n'en souffrira pas ! N'oublions pas pourtant les leçons de l'histoire. C'est le lobby militaro-industriel allemand du début des années 30 qui a aidé Hitler à prendre le pouvoir démocratiquement. La pensée du philosophe Léo Strauss n'est pas étrangère, semble-t-il, à la conception musclée de la démocratie d'un Paul Wolfovitz, de Richard Perle et d'autres néoconservateurs très écoutés à la Maison Blanche. Léo Strauss était lui-même disciple de Nietzsche. Suite à l'expérience de la République de Weimar, il estima qu'un système constitutionnel fondé sur les idéaux du libéralisme et des droits individuels était inopérant en temps de crise. À ces moments-là, il faut savoir, selon lui, recourir au mensonge tactique et à l'omission volontaire ainsi qu'à l'illusion religieuse.

Les risques de dérive totalitaire ne sont pas négligeables aux États-Unis, tant que peut être maintenue l'illusion religieuse. L'unilatéralisme en politique internationale est un des aspects d'une telle dérive. Or, d'après les lois de l'évolution, révisées après Darwin, les espèces qui survivent ne sont pas les plus fortes mais celles qui savent s'associer. On peut penser que les Églises demeurent quand même, en dernière analyse, le meilleur rempart contre la dérive totalitaire. Parviendront-elles à protéger le pouvoir contre ses propres excès ? Pour cela, il faudrait peut-être commencer par mettre une sourdine à l'attitude belliqueuse des prêcheurs fondamentalistes de la télévision américaine. La nouvelle alliance des Églises chrétiennes américaines, qui a vu le jour en septembre 2001 sous le nom de *Christian Churches together*, saura-t-elle jouer ce rôle modérateur ? En tout cas c'est devenu l'organisation chrétienne la plus diversifiée n'ayant jamais existé aux États-Unis depuis que l'Église catholique a accepté de se joindre à cette alliance à l'automne dernier.

Religions et médias

L'avenir de l'Amérique appartient à ceux qui contrôlent les médias. Les stations radio religieuses représentent actuellement près de 20% du total des stations américaines. Le nombre de chaînes de télévision religieuse approche les 300. Sur ce nombre, l'association des *National Religious Broadcasters* (NRB) a la part du lion (environ 80%) et, en février 2004, Franklin Graham, plus conservateur que son père Billy Graham, n'hésitait pas à appeler les NRB à proposer une alternative globale aux médias séculiers. Fort de ses 500 millions de membres répartis dans le monde, le protestantisme évangélique est certainement une force qui pèse sur l'avenir de notre planète. Malheureusement, par ses médias, il va plus dans le sens d'un totalitarisme Yankee que de la fraternité universelle. Les Églises qui n'ont pas choisi la voie de la recherche de la puissance politique, et les autres religions, sauront-elles faire le poids contre la dérive possible d'une idéologie totalitaire ? J'espère que ceux et celles qui ont eu le courage de lire cet article jusqu'à la fin ne s'attendaient pas à trouver ici une réponse à cette question.

Troisième partie :
Libérer la foi

Cette troisième partie donne des exemples de :
-L'accueil de la Vérité des autres.
-La primauté de la conscience personnelle sur la généralisation inhérente à toute institution.
-Nouveaux horizons de collaboration entre la science et la recherche spirituelle après des siècles d'incompréhension réciproque
-Relecture de textes fondateurs en vue de redécouvrir des sens originels possibles du message, tout en sachant que tout inspirée qu'elle soit, une Parole divine passe par le canal d'êtres humains.
-Chemins vers la Paix.

Les chapitres qui manquent à cette liste sont à écrire par les lecteurs et lectrices dans les circonstances de la Vie où leur Foi s'incarne.

14. Guerre inavouée au quotidien

Il y a des guerres déclarées entre États, des rebellions reconnues et vite appelées « terrorisme », terme commode pour disqualifier l'adversaire. Il y a des guerres civiles ouvertes, comme en Syrie et des guerres « froides », elles aussi officialisées. Mais n'oublions pas les guerres dissimulées, les violences étatiques, en général au service des oligarchies pour détruire les oppositions politiques ou les organisations sociales et ouvrières.

Claude Lacaille vient de publier, aux éditions Novalis, un récit autobiographique intitulé : *En mission dans la tourmente des dictatures. 1965-1986.* Il y raconte ses années passées dans le Haïti de François Duvalier, puis dans l'Équateur de Guillermo Rodriguez Lara et enfin dans le Chili de Pinochet. En quatrième de couverture on peut lire:

« Plus qu'un parcours de vie, cet ouvrage rend hommage aux milliers de personnes qui ont versé leur sang pour s'opposer à des politiques assassines et à une économie prédatrice. Ces femmes et hommes demeurent une inspiration pour quiconque croit encore qu'un autre monde est possible.
C'est aussi une illustration de la théologie de la libération, vécue au quotidien, dans des situations parfois extrêmes par un de ses adhérents inconditionnels. »

« Politiques assassines », « Économie prédatrice », Claude Lacaille n'a pas peur des mots pour dénoncer cette guerre incessante qui, au nom du profit et du marché, étrangle chaque jour un peu plus les pauvres de la planète dans ce que Robert Chambers appelle « l'engrenage à cliquet de la pauvreté ». Comme le disait Martin Luther King Jr., « Ce qui fait mal, ce n'est pas la violence des méchants, c'est le silence des 'bons' », et j'ajoute: «de tous ces gens si amoureux de l'ordre qu'ils oublient leurs valeurs morales et supportent les dictatures criminelles ou au moins pactisent avec elles». À noter que certains gouvernements, élus soi-disant démocratiquement, peuvent se révéler aussi criminels que les dictatures.

Claude Lacaille est prêtre des Missions étrangères du Québec. Il a fait le choix d'être solidaire des pauvres au service desquels il s'était mis. Il s'est heurté de ce fait à tout une partie de la hiérarchie de son Église qui croit que son rôle est de prêcher une doctrine et une résignation dont les riches profitent. La « Théologie de la libération », évoquée plus haut, cherche à se baser sur une analyse réaliste de la situation des pauvres. Elle ne peut pas ne pas constater cet assaut permanent dont sont victimes les pauvres de la part des forces du « marché » et de leurs acolytes quel que soit le nom que l'on donne à ces forces: Néo-libéralisme, Capitalisme intégral, etc.

L'ennui c'est que nous vivons là ce que, il y a un peu plus de cent cinquante ans, un certain Karl Marx a appelé « lutte des classes ». De là à en conclure que la théologie de la libération est une tentative de noyautage de l'Église catholique par le communisme international, il n'y avait qu'un pas, vite franchi par le Pape Jean-Paul II qui avait été victime en Pologne des excès du communisme européen. Lorsque l'archevêque de Santiago a mis en place une formation spéciale pour le clergé travaillant en milieu défavorisé, Jean-Paul II a ordonné la fin de l'expérience, de la même façon qu'au milieu des années cinquante, Pie XII avait mis un terme à l'expérience des prêtres ouvriers en Europe.

Les vrais pauvres n'ont rien à perdre car ils ne possèdent rien. Ce n'est pas le cas des Églises et c'est pourquoi, en tant qu'institutions, il leur est souvent difficile de vivre une solidarité réelle et évangélique avec les plus démunis. Ceci ne constitue pas une excuse valable pour les Églises et heureusement certains de leurs membres savent braver l'institution pour faire prévaloir la justice, non pas en paroles mais en actes. De retour au Québec, Claude Lacaille continue son combat; non pas tant parce qu'il y a aussi des pauvres aux Québec, mais surtout parce qu'on y trouve aussi des structures d'injustice qui sont avantageuses pour nous mais qui contribuent à l'exploitation de nos frères et sœurs les plus démunis de la planète terre.

Je laisse Claude Lacaille nous décrire ce nouveau choc culturel quand il reprend pied dans son pays d'origine: *« Abasourdi, j'entendais de la bouche des politiciens québécois les mêmes propos que nous rabâchaient les ministres de Pinochet: promotion du libre-échange en supprimant les barrières tarifaires, dénationalisation des entreprises d'État et vente de celles-ci à l'entreprise privée, mondialisation de l'économie. L'économie de marché était devenue la nouvelle foi, la nouvelle religion, le nouveau dogme du salut collectif. Partout, l'individualisme prenait le dessus; chacun sauve sa peau. Finies les utopies, les projets de société.*
« Le défi de la mission était d'affronter cette mondialisation de l'économie, cause directe des inégalités criantes: une authentique dictature de l'argent. C'est le Dieu de la vie ou le dieu de l'argent: on ne peut servir les deux à la fois. On ne peut s'installer confortablement dans cette Babylone qui a pour seul but l'enrichissement rapide des plus riches au détriment de milliards d'êtres humains qui vivent dans des conditions inhumaines. Notre christianisme du Nord mérite les reproches de Jésus à l'église de Laodicée dans l'Apocalypse de Jean:
Je connais ton activité: je sais que tu n'es ni chaud ni froid, tu es tiède, de sorte que je vais te vomir de ma bouche!
Tu dis : Je suis riche et j'ai fait de bonnes affaires, je ne manque de rien».
En fait tu ne sais pas combien tu est malheureux et misérable ».
Plus loin, Claude Lacaille ajoute : *Je me souviens d'une rencontre avec Dom Helder Camara, l'humble évêque brésilien invité par Développement et Paix en 1969 à Montréal. Il était*

venu nous dire: « *Si vous voulez aider le tiers monde, restez chez vous et changez* votre *société. Car la cause de nos problèmes de pauvreté réside ici, au Nord."* Cette parole prophétique m'a mis sur la piste de ma nouvelle mission. Pour me secouer, je me disais: "Tu as très bien su t'adapter auprès d'autres peuples, alors fais de même ici. Adapte-toi et mets-toi à l'ouvrage! » Le livre se termine sur une note d'espoir à cause du pape François qui « *dit non à la nouvelle idolâtrie de l'argent; il parle d'une tyrannie de l'argent, d'un système social et économique injuste à sa racine* ».

Au seuil de sa retraite, l'auteur termine par une action de Grâces à saveur sud-américaine :

Gracias a la vida que me ha dado tanto!
Merci à la vie qui m'a tant donné!

15. Révolution religieuse ou Évolution ?

La « Révolution tranquille » des années 60 a eu une influence certaine sur le paysage religieux canadien et contribué à vider rapidement les églises. Mais il est également vrai que certains excès du fait religieux au Québec avant 1960 ont donné la force d'un raz-de-marée à la Révolution tranquille.

Tout ceci a été vécu dans un monde en évolution. Ce n'est pas la Révolution tranquille québécoise qui a été la cause du Concile Vatican II, mais plutôt les pressions de divers courants ecclésiaux dans des pays d'Europe occidentale. Un *aggiornamento*, une mise à jour était nécessaire dans l'Église catholique. Cette réflexion en profondeur a coïncidé avec la Révolution tranquille québécoise et a certainement joué un rôle dans l'évolution de la religion au Québec au cours des quarante dernières années. Mais elle n'a certainement pas été vécue de la même façon que dans l'Église catholique des États-Unis; par rapport à leur évolution, la nôtre prend figure de révolution.

Durant ces quarante ans, un vent de modernité a soufflé sur le monde et sur certaines religions, mais des faits spécifiques ont marqué le paysage religieux de certains pays, dont ceux d'Amérique du nord. Je veux parler de l'immigration en nombre croissant de Chrétiens des pays du sud – les USA ont maintenant plus de Latinos que de Noirs – et également de membres de religions non chrétiennes, en particulier le Bouddhisme et l'Islam. Ajoutons à cela la prolifération de sectes diverses. Autant de facteurs qui n'ont pas leur origine dans la Révolution tranquille québécoise, même si la libération des esprits a certainement contribué à l'éclosion et à l'essor de la mouvance Nouvel Âge au Québec.

Une révolution qui n'en est pas une.

Au niveau de la pratique religieuse liturgique et sacramentelle, vue en termes de qualité et non de quantité, il y a eu une certaine évolution post conciliaire; certainement pas une révolution, au point que l'on peut se demander si la montagne n'a pas accouché d'une souris. C'est en tout cas la question que se posent de nos jours certains prêtres qui, jeunes dans les années 60, avaient choisi de répondre à l'appel au sacerdoce qui, pour eux, ouvraient alors sur des horizons nouveaux. Les manœuvres de la Curie romaine pour reprendre le contrôle de la situation ne sont pas forcément les seules responsables de cet état de fait. Beaucoup de fidèles n'étaient pas prêts à vivre une évolution, à plus forte raison une révolution; ils n'étaient nullement désireux que l'on leur « change leur religion ».

Pourtant ces changements étaient très superficiels et c'est peut-être là où se situait le problème. Il aurait fallu travailler au niveau de la libération d'un inconscient pollué par des décennies d'un discours religieux qui tenait certainement plus d'une morale que d'une Bonne Nouvelle. Un discours qui avait très rarement fait entrevoir « la glorieuse liberté des enfants de Dieu ». Même ceux qui sont partis en claquant la porte n'ont souvent pas réussi à libérer leur inconscient de ces vieux clichés qui les coupent de leur être essentiel et maintient en eux une agressivité qui les détruit à petit feu. Si pendant trop longtemps les Églises ont cherché à développer la culpabilité pour pouvoir vendre le pardon, si des dégâts en profondeur demeurent, ils sont de nature à couper du regard libérateur du Christ les hommes et les femmes de notre temps, qu'ils soient pratiquants liturgiques ou non. Certains mots sont piégés, la lecture de l'Ancien Testament, remise à l'honneur par Vatican II est comprise à contre-sens et s'avère souvent plus nuisible qu'utile. La révolution religieuse reste encore à faire. Elle nécessiterait que les frustrations puissent être non seulement exprimées mais <u>entendues</u>.

La situation actuelle

Si nous regardons la situation actuelle, nous constatons qu'effectivement on a de plus en plus tendance à remplacer le mot « morale », à connotation plutôt religieuse, par le mot « éthique ». Mais voit-on plus clair dans la distinction entre les lois civiles, les lois religieuses et une éventuelle Loi divine?

Certes, les autorités ecclésiastiques n'ont plus, au Québec, le pouvoir qu'elles avaient il y a cinquante ans pour dicter les lois humaines. Et, fort heureusement, elles n'ont pas l'autorité médiatique des télévangélistes américains pour soumettre les électeurs et les électrices à un lavage de cerveau plus politique qu'évangélique. Ce sont maintenant les puissances d'argent qui ont autorité sur les gouvernements de la planète; les lois sont faites par les riches et pour les riches. Eux aussi aimeraient que l'on maintienne l'équation : c'est légal, donc c'est bien. De nos jours, les paradis fiscaux sont plus attrayants que le Paradis biblique. C'est légal, donc c'est bien : c'est bien que ce soient les moins riches et les pauvres qui supportent tout le poids de l'impôt. La plupart des médias se taisent, contrôlés qu'ils sont par les puissances d'argent. Les religions ont, de plus en plus, à côté d'autres associations citoyennes, à être la voix des sans-voix; quitte à provoquer la colère des médias, mais cette fois pour autre chose que pour leurs erreurs du passé ou leurs formulations malheureuses sur la morale sexuelle.

Les lois religieuses, elles, continuent à figer les rituels au lieu d'être le ferment d'une vie communautaire où les fidèles pourraient faire l'expérience de la Loi divine qui est initiation à l'Amour. La Parole de Dieu continue à être proclamée, parfois avec force, mais elle est proclamée dans le vide car on ne prend pas le temps d'écouter son écho dans le cœur des hommes et des femmes de notre temps. Et si cet écho était la vraie Parole de Dieu pour notre temps, plutôt que celle qui résonne désespérément devant des bancs vides, en attente d'être vendus?

La révolution religieuse sera-t-elle scientifique?

L'époque que l'on a appelée les Temps modernes a été celle de l'opposition entre la Science et la Religion. Le dieu Raison pensait pouvoir détrôner peu à peu le Dieu ou les dieux des religions. Mais, au cours du vingtième siècle, c'est la Science elle-même qui, peu à peu, s'est mise en devoir de détrôner la Raison. Ce qui n'empêche pas de nombreux « scientifiques » de demeurer farouchement accrochés à l'ancien univers rationnel qui est le gage de leur tranquillité d'esprit. Pendant longtemps, la science a cherché à expliquer le monde tel que nous le voyons. La science du vingtième siècle a progressivement modifié notre vision du monde, au moins pour ceux qui acceptent de changer leur regard.

La matière est devenue de l'énergie; puis, d'énergie banalisée, elle est devenue énergie « informée », porteuse d'une information. Plus récemment, il est apparu que les cellules de matière, ces cellules d'énergie informée, étaient capables de communiquer les unes avec les autres, parfois à de grandes distances et à une vitesse supérieure à celle de la lumière (n'en déplaise à Albert Einstein).

Il y a là de quoi révolutionner tout le langage théologique qui parle de « substance », d' « essence » ou d'Amour. Cela se ferait avec l'appui, au moins partiel, de découvertes scientifiques. Nous nous sentirions, soudain, à l'unisson de certains de nos frères amérindiens qui, après avoir fait circuler le calumet de paix, concluent tous ensemble : « Nous sommes tous reliés ». Mais cela peut, tout aussi bien, donner une réalité plus concrète ou scientifique à ce que les Chrétiens appellent la Communion des Saints.

Des expériences répétées ont démontré que la cristallisation de l'eau était affectée si des paroles d'amour ou de bénédiction étaient prononcées sur de l'eau. L'eau semble spécialement sensible à l'information. Un savant japonais, Amaru Emoto a mis au point une technique pour photographier les cristaux qui se forment au moment de la congélation de l'eau. Amaru Emoto présente des photos de cristaux d'eau polluée qui ne méritent même pas le nom de cristaux et qui deviennent bien formés et lumineux après que soient prononcées sur cette eau des paroles d'amour et de bénédiction. D'autres photos montrent les effets de la musique ... et des ondes d'un téléphone cellulaire sur l'eau et comment les simples mots "Amour et gratitude" peuvent protéger l'intégrité de l'eau des interférences néfastes. Comme notre corps est composé à 70% d'eau, on peut comprendre notre vulnérabilité aux influences extérieures. Les cristaux d'eau bénie sont beaucoup plus clairs et plus beaux qu'ils ne l'étaient avant la bénédiction, surtout s'il s'agissait d'eau polluée. Quand on se rappelle que le corps humain est pour une grande partie constitué d'eau, on réalise tout à coup le pouvoir, sur nos frères et sœurs humains, d'une simple pensée d'amour, ou de rancune. Il ne s'agit pas de donner une définition scientifique de Dieu ou de l'Amour, mais de mieux comprendre ce que nous sommes appelés à être et qui, trop longtemps, a été taxé de superstition.

Libérée de sa formulation rationnelle et masculine, la nouvelle expression de la religion pourra sans doute être plus féminine; ou au moins plus en résonance avec le pôle féminin de l'être humain, homme ou femme, là ou se vit l'unité avec le monde et son mystère. Ce serait le temps de l'Esprit, et, qui dit Esprit, dit valorisation de l'expérience personnelle et liberté.

Les théologiens apprendraient à parler moins mais à être parole. Ce serait là toute une révolution; plus qu'une révolution, une mort et résurrection à un autre niveau d'être. Une telle résurrection est l'œuvre de l'Esprit, que les Hébreux avaient la sagesse de désigner par un mot féminin; car les femmes, porteuses de la Vie, sont spécialement porteuses d'avenir. Elles sont les messagères privilégiées de la Résurrection, de toutes nos résurrections.

16. Fraternité/sororité œcuménique

Suite à l'impulsion originelle donnée par le chanoine François Tanguay, Sutton a été depuis 25 ans le foyer de nombreuses activités œcuméniques. Ces activités ont évolué avec le temps; demeurent, entre autres, les petits-déjeuners mensuels qui rassemblent des membres des diverses églises, incluant leurs pasteurs.

On y discute des évolutions qui se vivent dans les diverses dénominations chrétiennes et on y planifie des activités communes. Celles-ci incluent toujours au moins une célébration commune lors de la Semaine de prière pour l'unité des Chrétiens, même si les rigueurs de l'hiver limitent la participation à laquelle on pourrait s'attendre. C'est pourquoi, depuis quelques années, une célébration commune a lieu maintenant vers la fin Mai, suivie d'un pique-nique.

C'est la fête des familles de la communauté catholique de Sutton qui a été élargie pour faire de la place à nos frères et sœurs des autres Églises. Le lieu de la rencontre, choisi à cause du terrain de pique-nique voisin, est le bâtiment de la Légion, qui n'est identifié à aucune confession spéciale.

Notons que le Centre d'Action bénévole de Sutton a aussi été le fruit de cet esprit œcuménique. Il y a aussi l'animation de deux célébrations œcuméniques annuelles au Foyer pour personnes âgées de Sutton, l'une avant Noël, l'autre le Jeudi-saint.

Depuis au moins douze ans, un Chemin de Croix, le Vendredi-saint au matin, commence à l'église catholique, fait escale à l'église Unie et se termine à l'église anglicane où les participants se réchauffent autour d'une bonne soupe. Depuis six ans, nous prions ensemble au lever du soleil le matin de Pâques, et plus récemment les quatre Églises ont introduit la coutume de se rencontrer un dimanche après-midi de Décembre pour chanter Noël ensemble.

Pendant longtemps, deux des déjeuners mensuels de chaque année étaient ouverts à tous ceux qui le voulaient, avec, à cette occasion la venue d'un(e) conférencier(ère). Actuellement, nous avons plutôt quelques conférences le soir et un « groupe d'étude » qui se réunit chaque semaine pendant certaines périodes de l'année. En général, on y visualise un DVD qui traite de questions religieuses d'actualité ou de justice sociale, puis les participant(e)s réagissent, personnellement et non pas au nom de leur Église, à ce qui a été présenté. C'est ainsi que récemment nous avons eu six sessions sur les mythes. D'autres fois ce seront les enregistrements d'un congrès théologique œcuménique. Les DVD sont majoritairement en anglais, mais les échanges peuvent être bilingues. Car qui dit œcuménisme au Québec dit en général bilinguisme.

Telle catholique, qui avait essayé en vain d'intéresser d'autres catholiques à la formation d'un groupe de réflexion biblique, a trouvé dans ces rencontres un lieu de ressourcement. Mais il y a plus, comme l'illustre le commentaire suivant de la femme d'un pasteur de l'Église Unie qui, un jour, lors de la période de discussion, a tout à coup laissé tomber ce propos: « C'est vraiment curieux. Quand j'étais jeune, mon Église me défendait de fréquenter les gens des autres dénominations, et voilà que nous sommes devenus des amis! ».

Cela me rappelle cette Irlandaise anglicane que j'avais interviewée lors d'une de mes émissions sur la Paix. Sa mère, organiste d'une église anglicane d'Irlande, avait été sollicitée pour toucher l'orgue lors des funérailles de la mère de l'organiste de l'église catholique du même village et elle avait accepté. Par la suite, elle avait été réprimandée par l'évêque anglican du lieu, mais, lors de son anniversaire suivant, la chorale catholique était venue lui offrir un petit concert sous sa fenêtre. Pendant qu'elle racontait cela, je surveillais du coin de l'œil le représentant du Sinn Féin à Montréal qui était aussi en studio avec nous et je voyais ses yeux devenir humides à cause de l'émotion qu'il ressentait!

À la prison de Cowansville, il y a aussi un groupe de réflexion à caractère œcuménique sur la Bible une fois par mois : Anglicans, catholiques, évangélistes, témoins de Jéhovah; même un musulman vient s'y intéresser à la foi des Chrétiens. Quatre personnes de Sutton y participent. Là encore, les liens qui se créent et l'écoute inconditionnelle sont sans doute plus importants que des considérations dogmatiques.

17. Une Église pour les gens

Il y a quelques années, la revue *Actualité religieuse dans le monde* publiait quatre ou cinq articles écrits par des ministres du culte de diverses religions en rapport avec les demandes de célébration de mariage qu'ils recevaient. Il y avait au moins un prêtre catholique, un pasteur protestant, un rabbin juif. Tous déploraient le fait qu'ils n'avaient pas la possibilité, dans le cadre de leur religion, de répondre à un nombre important de ces demandes, les futurs mariés ne rencontrant pas suffisamment les critères religieux d'appartenance requis.

Ce qui était remarquable, c'est qu'aucun de ces auteurs n'évoquait la possibilité d'aider ces gens à donner une signification spirituelle à la célébration de leur union, même si cela n'était pas dans le cadre d'un rituel officiellement reconnu par leurs Églises respectives. Prisonniers de « l'institution », ils ne semblaient pas prêts à apporter par exemple une dimension christique à ce que ces gens étaient capables de célébrer. Comme s'ils se découvraient incapables d'aider deux êtres à se dire en vérité.

Ce n'est pourtant pas très difficile: il suffit de les encourager à être vrais. Par exemple, si pour eux le mot « Dieu » évoque un être lointain et menaçant, ou rien de très signifiant, sans doute sera-t-il préférable de ne pas le nommer. Ce qui n'empêchera pas après coup l'un des invités de déclarer « qu'il ne s'était jamais senti aussi près de Dieu ». Que la Vérité de deux êtres qui s'aiment renvoie à Dieu, cela ne devrait pourtant pas être tellement étonnant!

Ou comme cet autre couple qui s'était bâti une célébration sans aucune aide religieuse mais où, après coup, les participants avouaient que ce qu'ils avaient vécu questionnait la façon dont ils vivaient leur propre relation amoureuse. On aimerait recevoir ce genre de commentaire après chaque mariage « religieux ».

Qu'est-ce que cela a à voir avec l'œcuménisme? Si cette incapacité semble commune à toutes les religions, il y a là un premier niveau d'unité. Nos forces, nos certitudes nous opposent; nos faiblesses pourraient nous unir. Chercherons-nous ensemble à devenir des « Églises pour les gens »? Ou resterons-nous enfermés dans les murs de nos églises à célébrer des rituels qui ne correspondent plus à la soif de sens de nos contemporains? Pendant ce temps-là des soi-disant religions, reconnues par le gouvernement, offrent des célébrations vaguement sentimentales, en le qualifiant de spirituelles (et collectent les honoraires correspondant de trois cents dollars).

Le Christ a sa place dans toute célébration de l'Amour, ce qui ne signifie pas nécessairement que sa présence soit spécifiquement évoquée. Elle peut transparaître discrètement dans une bénédiction donnée par les parents ... ou par les amis réunis pour la circonstance. Le Christ est la Vérité. Il est présent à toute célébration vraie. Les Églises chrétiennes ont à découvrir les mots vrais et les gestes vrais qui témoignent de son Amour et de sa Grâce.

18. Science nouvelle et spiritualité

Le sujet annoncé par ce titre pourrait remplir plusieurs volumes. En moins de dix pages nous allons soulever plus de questions que nous ne donnerons de réponses, mais ce seront des interrogations qu'il me paraît important de porter en soi à notre époque.

Brièvement, définissons les termes. La spiritualité dont je parlerai ne sera pas la mystique, avec laquelle on la confond trop souvent. Pour les fins de cet exposé, je définirais la spiritualité comme tout ce qui nous relie aux autres, comme un rapport amoureux à tout ce qui existe. Je prends un exemple: j'entendais dernièrement une amie parler de la façon dont elle concevait son rôle de vendeuse dans un magasin de mode. Elle disait qu'elle se préoccupait de découvrir comment les achats des clientes pourraient contribuer à leur épanouissement personnel. Et je pensais: voilà une façon spirituelle de faire son métier de vendeuse. Donc nous toucherons sans doute au mysticisme, mais ce sera un mysticisme incarné, plus tourné vers le Dieu qui est présent en chacun et chacune de nous que vers un Dieu lointain et abstrait.

D'autre part, nous ne pourrons pas considérer tout ce que les cent dernières années, et plus particulièrement les vingt dernières, ont apporté comme contribution à une nouvelle vision scientifique du monde, vision sans doute loin d'être acceptée par tous les savants. Nous nous limiterons à quelques aspects principaux ; juste ce qu'il faut pour perdre un certain nombre de nos repères habituels et nous sentir soudain insécurisés. Je ne citerai pas forcément tous les noms de divers savants quand je parlerai de leurs découvertes. Par contre, je mentionnerai comment ces découvertes se trouvaient déjà exprimées, au moins partiellement, dans diverses traditions spirituelles.

Vérité

Premièrement, la notion de vérité scientifique objective a été remise en question. Notre regard change la réalité de ce que nous observons. Nous ne pouvons plus nous considérer comme des observateurs, mais comme des participants.

Pendant longtemps la science expérimentale a insisté sur le regard impartial de l'expérimentateur. La science moderne a découvert qu'il s'agit là d'une vue de l'esprit. Notre pensée ou notre regard change la réalité. Par exemple, les photons deviennent réels quand ils sont mesurés, ce qui leur fait obtenir leur polarisation. C'est une équipe australienne, dirigée par Markus Aspelmeyer et Anton Zeilinger qui est arrivée à cette conclusion en 2007, autrement dit, hier.

Actuellement une vérité scientifique n'est pas nécessairement opposée à une autre vérité qui paraît contradictoire. Ce peut être deux expressions différentes d'une réalité fluctuante qui ne se laisse pas enfermer dans le corset des formulations ni dans nos concepts ordinaires d'espace et de temps.

Cela rejoint certaines approches spirituelles. Pour moi, le Jésus des Évangiles n'est pas venu proclamer une vérité immuable, ni dans sa formulation ni dans son expression culturelle, mais il est venu rencontrer ses contemporains dans leur vérité personnelle. Et pour certains courants de la pensée juive, la neuvième parole du Décalogue, celle qui est souvent traduite comme une condamnation du mensonge, va beaucoup plus loin en enjoignant de ne pas imposer aux autres notre propre vision de la vérité.

La science moderne nous invite à explorer notre vérité au lieu de la recevoir de l'extérieur, à croire à nos intuitions et à leur donner le même poids que celui que nous accordons aux diktats de la raison. Mais désirons-nous vraiment connaître notre vérité qui peut être un appel à être, risquant de déranger nos habitudes confortables ou nos rapports à ce qui nous entoure. Un premier pas vers notre vérité serait peut-être, si nous nous voyons comme un corps ayant une âme, de nous voir plutôt comme une âme ayant un corps. La science nouvelle ne nous contredirait pas sur ce point.

Énergie informée

Le deuxième aspect de la nouveauté scientifique que je retiendrai, c'est que notre regard sur la matière a changé. De corps inerte, elle est, avec Einstein, devenue énergie. Puis il est apparu que cette énergie était porteuse d'une information, en fait d'une multitude d'informations. Ces informations ne sont pas seulement une somme de données, elles incluent l'interrelation entre ces données. Pour les scientifiques modernes, cette information n'est pas seulement réelle, mais elle est plus fondamentale que quoi que ce soit, qu'il s'agisse de l'espace, du temps, de la matière et de l'énergie. En outre, ce qui suscite le monde manifesté (le fait d'exister), n'est pas un champ d'information primordiale, où tout serait réglé à l'avance, mais un champ d'information intégré, variable, ce qu'Einstein appelait l'esprit cosmique. En d'autres termes, la Création est un schéma directeur, pas un produit fini

En particulier, les paroles, de même que les pensées, sont de l'énergie informée. Elles agissent sur les cellules de tout ce qui nous entoure de près ou de loin, et entre autres sur les cellules de notre corps; plus précisément sur la membrane de ces cellules qui sont intelligentes et qui emmagasinent l'information comme le disque dur d'un ordinateur. De fait, les cellules fonctionnent selon le même principe que les puces électroniques. Elles sont donc programmables. Les molécules du corps, que nous considérions comme inertes, sont sensibles à l'information. Il est des lieux qui rendent malades parce qu'ils sont imprégnés de mémoires de souffrance.

Le principe scientifique de causalité, à savoir que telle cause produit tel effet, doit maintenant tenir compte de l'information. En tant que thérapeute, j'ai pu vérifier que quelqu'un qui a été l'objet de pensées incestueuses porte ces mémoires dans ses cellules et son subconscient, comme si elle avait été victime d'actes incestueux. La seule différence est que cette information n'a souvent jamais rejoint sa conscience. On pense à ces mots du Sermon sur la montagne: « Celui qui regarde une femme avec convoitise a déjà commis l'adultère avec elle ». Ce n'est pas une simple métaphore. Il s'agit bien d'un viol! Imaginaire peut-être, mais très réel au niveau des mémoires laissées dans les cellules.

Jésus aussi enjoint à ses disciples de dire: « Paix sur cette maison » avant d'y entrer. De même, pour bénir la nourriture, il n'est pas nécessaire de déranger Dieu. Il a donné depuis longtemps ce pouvoir à tous les êtres humains.

Dans le Cosmos, comme dans chaque être humain, l'accumulation de l'information ne requiert pas d'apport d'énergie. C'est l'effacement de ces informations qui en nécessite. Cela peut prendre des années pour nous libérer de certaines de nos vieilles mémoires, qu'elles soient conscientes ou inconscientes.

La Toile

Le troisième aspect de la nouveauté scientifique que nous aborderons est qu'il est maintenant prouvé qu'il existe un lien très fort entre tout ce que nous appelons la Création, le Cosmos, que cela appartienne au domaine humain, animal, minéral ou gazeux. Même si le *Big Bang* a sans doute été moins soudain qu'on l'a cru tout d'abord, il n'en reste pas moins que ce Cosmos en expansion demeure interconnecté. Et si nous croyons en un Dieu créateur qui est Amour, la Création tout entière demeure imprégnée par cet Amour primordial. « Nous sommes comme des îles dans l'océan, séparées à la surface mais reliées en profondeur ». Par exemple, on a vérifié que si une espèce de singes dans une île subit une transformation génétique due à des conditions spéciales d'existence, cette mutation se transmet aux autres singes de même race vivant ailleurs sur la planète, sans aucun lien avec les premiers.

De même des expériences ont prouvé que si dans une ville un petit nombre de gens vivent en même temps une expérience de paix véritable, le nombre d'actes violents dans la ville diminue pendant ce temps-là. Pour Montréal, il suffirait de cent cinquante personnes! Au second millénaire avant notre ère, Lao Tseu disait déjà: « Pour que la Paix habite dans le monde, il faut qu'elle habite dans les cœurs. »

Mais tout endroit a un envers: nous portons en nous de vieilles mémoires, empruntées à la conscience globale, et qui ont besoin d'être purifiées par l'Amour.

Dans un tel contexte, que signifient nos sentiments de solitude, ou d'inutilité quand nous sommes en perte d'autonomie, alors que les pensées d'Amour peuvent nous relier de façon efficace à toute la Création. Pas simplement aux autres humains. Pensons à la spiritualité d'un François d'Assise. Il ne s'agit pas d'une adoration de la nature mais d'un amour réciproque, et j'insiste sur le mot réciproque. Les poètes se rapprochent des mystiques et des spirituels. Rappelons nous ces vers de Lamartine: « Objets inanimés avez-vous donc une âme, qui s'attache à notre âme et la force d'aimer? »

Dans le champ immense de la conscience, il n'y a pas de frontière bien définie nous indiquant où notre être se termine et où commence le reste de l'Univers. Nous communiquons avec le reste du Cosmos par une sorte de continuité et non par l'émission de signaux entre « eux » et « nous ».

D'une certaine façon, le « Grand Horloger » dont parlaient ceux des savants qui n'avaient pas exclu Dieu de leur esprit est devenu un « super Bill Gates ». Dieu aurait conçu le *hardware* et le *software* de cet ordinateur quantique cosmique pour que l'univers devienne ce qu'il est. Ce que l'on appelle miracle ne l'est pas, c'est le software qui est miraculeux; ce qui n'exclut pas certaines mises à jour amoureuses du software par le maître d'oeuvre pour accompagner la liberté de ses créatures.

Hologramme

La quatrième nouveauté scientifique que je mentionnerai brièvement est celle de la nature holographique de l'univers. Dans un hologramme, chaque partie est à l'image du tout. Donc, d'une part tout l'univers se reflète en nous. Mais surtout, il est faux de penser que nos expériences de sensations et de croyances n'ont pas d'effet au-delà de notre corps. Tout changement dans notre vie se reflète partout, comme la transformation génétique des singes dont nous parlions tout à l'heure. Ce que nous changeons en nous change l'univers.

Dans le domaine manifesté de l'espace-temps, les hologrammes peuvent encoder et donc contenir une quantité gigantesque d'information en raison des propriétés fondamentales de la lumière car un grand nombre de photons existant à plusieurs niveaux vibratoires peuvent occuper exactement les mêmes points de l'espace-temps.

Conscience

J'évoquerai aussi l'évolution des recherches sur la conscience. Nous ne parlons pas ici de la conscience au sens moral du terme quand nous distinguons entre ce qu'on appelle le bien et le mal, mais de ce qui fait que nous sommes conscients de ce qui est. Cette question de la conscience est importante parce qu'un nombre croissant de savants suggèrent que le monde est ce qu'il est, à cause de la force de la conscience elle-même, de nos croyances au sujet de la réalité. Il ne s'agit pas ici seulement de croyances religieuses, mais beaucoup plus de croyances culturelles, de croyances familiales, de croyances professionnelles, tout ce qui codifie notre regard sur le monde. On a beaucoup exagéré l'importance du cerveau, alors qu'il n'est qu'un outil dont nous avons l'usage. Nous avons déjà vu que l'information est stockée dans les cellules, à la disposition du subconscient qui est cinq cent mille fois plus rapide que le conscient. C'est à travers les ondes émises par le cœur que nous communiquons principalement avec le monde qui nous entoure. Or le champ électrique du cœur est soixante fois plus fort que celui du cerveau et son champ magnétique cinq mille fois plus fort que celui du cerveau. Comme le disait le mystique Sri Aurobindo : « Le mental analyse mais ne peut connaître ».

La conscience en effet est d'un autre niveau et certains n'hésitent pas à l'associer à la Lumière. À ce titre, elle se situe à un niveau d'être où l'espace et le temps ne sont plus tels que nous les connaissons. Il y aurait une part de la conscience qui serait sous-lumineuse, c'est celle à laquelle nous sommes habitués; et une part supra-lumineuse, où l'on accéderait par exemple, mais pas exclusivement, par la méditation et où on aurait une autre vision de la réalité. Or cette vision, qui peut paraître irréelle à beaucoup, serait en fait celle de la Réalité (avec un grand R), par rapport à l'illusion que nous en avons. Le même Aurobindo écrit encore : « La Lumière n'est pas primordialement une création matérielle. Elle est une manifestation spirituelle de la réalité divine qui illumine et qui crée ». La créativité se situe sur le seuil mouvant entre l'ombre et la lumière, le négatif et le positif. Ce serait notre conscience qui, pour prendre forme, agit sur le clavier de l'ordinateur cosmique divin mis à notre disposition. D'où l'importance de savoir où se situe notre conscience, qui est en lien avec notre spiritualité.

Rappelons-nous le prologue de l'Évangile de Jean: « À tous ceux qui accueillent le Verbe-Lumière, Il donne le pouvoir de devenir Enfants de Dieu ». La conscience crée. Max Planck, le père de la physique quantique disait: « Quand vous changez la façon dont vous regardez les choses, les choses que vous regardez changent ». Mais il semble bien que, si ce changement est orienté vers un plus être, la force motrice de ce changement doive être l'Amour. Il ne s'agit donc pas de « pensée positive » ou de vagues espoirs qui ne seraient que du *wishful thinking*, bien incapable de contrer la force du subconscient. On pense encore à ces mots apparemment surprenants de l'Évangile: « Quand vous demandez quelque chose au Père, croyez que vous l'avez déjà reçu, cela vous sera donné. » On renverse ici encore la loi de causalité où la cause produit l'effet. Ici, c'est la reconnaissance pour la grâce accordée qui en est la cause. De nombreux chercheurs modernes abordent ces temps-ci le sujet de la conscience. Cette question reste donc largement ouverte. Retenons déjà que si nos croyances sont des formes d'énergie informée agissant sur l'énergie du tout et qui en quelque sorte façonnent la réalité, notre responsabilité vis-à-vis de l'avenir du monde prend une autre dimension, une dimension où le spirituel rejoint le matériel.

Espace et temps

Avant de clore cette brève liste de nouveautés introduites dans nos systèmes de pensée et nos manières d'être par la science moderne, il convient de mentionner que les notions d'espace et de temps, telles que nous les connaissons, sont sérieusement remises en question. Nous étions habitués à un temps qui s'écoulait comme un fleuve tranquille et insensible, à vitesse constante. La théorie de la relativité est venue apporter une autre vision, comme à un autre niveau de connaissance. Ervin Laszlo et Jude Currivan écrivent: « *La relativité de l'espace-temps signifie qu'il n'y a pas de points avantageux, ni dans l'espace, ni dans le temps. Essentiellement, cette symétrie universelle signifie que la réalité englobe tous les 'maintenant' à partir du début de notre univers jusqu'à sa fin éventuelle, sans distinction de passé, de présent et de futur. ...Tandis que le tissu sous-jacent de l'espace-temps est constamment présent, l'information contenue dans notre univers continue à augmenter à mesure qu'il évolue. Les effets suivent les causes, de sorte que le futur est intrinsèquement différent du passé. L'univers se recrée constamment dans le 'maintenant' fractal du temps de Planck, le presque inimaginable bref moment de 10 à la puissance -44 secondes.* »

Albert Einstein lui-même en tire une conclusion de nature spirituelle: « *Nous devons œuvrer à nous libérer de cette prison [l'illusion de l'espace-temps] en élargissant le cercle de notre compassion de manière à embrasser toutes les créatures vivantes et la nature entière dans toute sa beauté* ».

« *O, temps, suspends ton vol* », écrit le poète, comme une invitation à vivre le *kairos*, ce temps des Grecs où l'on est totalement dans le présent, libéré du *chronos*, le temps qui s'écoule inexorablement et dont la mythologie nous prévient qu'il dévore ses enfants; enfants que nous sommes tous si nous acceptons sans réserve sa loi. L'espace aussi s'exprime souvent en termes de temps; que l'on pense aux années-lumières. Là aussi la science nouvelle nous invite à sortir de nos concepts étroits.

*
*   *

Spiritualité

Nous parlerons moins longuement de spiritualité que de science car nous avons déjà relevé à diverses occasions des similitudes entre les découvertes des sciences modernes et les affirmations de maîtres spirituels anciens ou contemporains. Nous avons aussi fait le lien avec les croyances de peuples qui n'ont pas accepté la dictature du mental, tels nos frères des Premières Nations qui constatent: « Les Blancs ont des idées, les Amérindiens une Vision ».

On pourrait multiplier les citations. Par exemple Saint Augustin déclarant: « Les miracles ne sont pas contre-nature, ils sont en contradiction avec l'idée que nous nous faisons de la nature ». Pour le Livre des Morts tibétains, nous sommes Lumière et la pensée crée la réalité. Il y a à peu près deux mille cinq cents ans, le Bouddha a décrit le Cosmos comme une toile de fils d'or unissant des joyaux à multiples facettes dont chacun reflétait la lumière multicolore de tous les autres. Et à peu près à la même époque, la Kabbale des Juifs présente une similarité frappante avec la théorie des super-cordes qui est actuellement une des représentations les plus exactes du fonctionnement de notre monde. Enfin, au quatorzième siècle, dans sa quatrième révélation, Julienne de Norwich fait dire au Christ que l'ensemble de l'univers tiendrait dans une petite bille, ce sur quoi les savants modernes seraient d'accord, avec peut être des variantes sur le diamètre exact de la bille!

Il est intéressant de noter que tous ces courants spirituels que nous avons évoqués, loin de se perdre dans l'illusion, ont cherché au contraire à pénétrer la réalité. À notre tour de chercher à actualiser dans notre vie cette nouvelle vision du monde qui nous est offerte. Cela ne se réalisera pas si nous ne sommes pas prêts à changer notre regard et nos modes de pensée.

1 - Un monde virtuel?

Pour les anciennes traditions, le monde invisible est plus réel que le monde visible. En d'autres mots, notre monde serait la projection d'une réalité plus profonde. De nos jours, des scientifiques comme Jorgen Schmidhuber, rejoints en cela par certains philosophes dont Nick Bostrom -- je ne parle pas d'auteurs de science-fiction -- considèrent sérieusement la probabilité que nous vivions dans un monde virtuel. On rejoint ici la *Maya* des Hindous pour qui le monde est illusion. "Au moyen de termes comme l'*ordre impliqué* et l'*ordre implicite*, le physicien américain David Bohm a tenté d'expliquer que notre monde était le résultat d'une ombre projetée ici par de événements se produisant ailleurs. Il considérait cet ailleurs comme une réalité plus profonde d'où émergent les événements de notre monde. Tout comme l'affirment certaines traditions autochtones, les recherches de Bohm ont démontré que cette autre dimension est tout à fait réelle, peut-être même encore plus que la nôtre." Pour ces savants, cette virtualité serait issue du divin ordinateur cosmique, elle aurait un but dans le grand plan d'Amour de Dieu pour l'univers et nous avons un rôle à y jouer.

Seth Lloyd, l'inventeur du premier ordinateur quantique en 2007 a déclaré: *« L'histoire de l'univers est en réalité un gigantesque et continuel calcul quantique »*. Ne nous laissons pas impressionner par cette formulation. Cette virtualité a pour nous un niveau de réalité. Elle est virtuelle au niveau de ce que nous sommes, mais réelle au niveau de ce que nous croyons être et c'est à ce niveau que nous nous situons la plupart du temps. À ce niveau de réalité entre autres peut agir notre conscience comme nous l'affirmions plus haut. Donc nous ne sommes pas des marionnettes manipulées par des démiurges, ni des êtres figés dans leur évolution. Nous sommes des co-créateurs de ce que nous sommes et de ce que nous devenons.

Peut-être Dieu cherche-t-il à spiritualiser la matière, à féconder les ombres, à redonner force et réalité à cet Amour originel qui relie tous les êtres, ceux que l'on appelle animés ou inanimés. Cela peut paraître très ambitieux mais notre rôle à nous, très simplement, serait d'évangéliser nos cellules selon la formulation d'un évêque orthodoxe; il s'agirait de remplacer nos vieilles mémoires de peur par des mémoires de Paix, de Joie et d'Amour. Alors nous serions vraiment ces êtres de Lumière, de conscience, voulus par Dieu. Et par sa nature holographique, l'univers entier deviendrait, lui aussi, un univers de Lumière, donc hors du temps. C'est également la vision du lama bouddhiste Anagarika Govinda qui écrivait: « Notre libération n'est possible que si elle est la libération de tous. Cela ne signifie pas un temps illimité, mais cela signifie que l'acte de libération inclut tous les êtres vivants, qu'il est un acte d'Amour sans limite dans lequel il n'y a pas de place pour le concept de temps ».

2 – Dualité ou polarité

Toute la culture occidentale, surtout à partir de la seconde moitié du deuxième millénaire de notre ère, a été basée sur une conception duelle du monde. On y oppose le Bien et le Mal, le Vrai et le Faux, l'ombre et la Lumière, la Vie et la Mort, la Masculin et le Féminin, le Positif et le Négatif, et l'on cherche vainement à séparer ces éléments apparemment opposés. Mais dans l'univers énergétique qui est le nôtre et où par exemple le champ magnétique joue un rôle important, les pôles positifs et négatifs sont indissociables. Un aimant ne peut avoir un pôle unique; notre monde non plus et cette polarité est ce qui rend la création possible.

Nous savons qu'à trop vouloir cultiver ce que nous appelons le Bien, nous ouvrons de grandes possibilités à ce que l'on qualifie de Mal. Si on développe uniquement le masculin chez les hommes et le féminin chez les femmes, il est peu probable que nous parvenions jamais à une coexistence harmonieuse des genres. Les polarités masculines et féminines sont à mettre en valeur chez chaque être humain qui, sinon, laisserait en veilleuse toute une partie de son cerveau. C'est ce qu'affirmait, il y dix-neuf siècles l'évangile de Thomas au logion 22; *« Lorsque vous ferez du masculin et du féminin un unique, afin que le masculin ne soit pas seulement un mâle et le féminin seulement une femelle, vous aurez des yeux dans vos yeux, des mains dans vos mains, des pieds dans vos pieds »*. Quel que soit notre sexe nous avons, selon ce même évangile, à devenir des *Anthropos*, des Humanités en plénitude.

Les ordinateurs aussi sont de nature binaire, raisonnant comme un mental cartésien. C'est pour cela que pour représenter le fonctionnement de l'univers, notre espoir est dans les ordinateurs quantiques. Ce concept est trop nouveau pour que je puisse en parler intelligemment, mais je conçois qu'au lieu d'opposer des « oui » et des « non », il oppose des probabilités plus nuancées et porteuses d'un éventail de possibilités.

Une autre façon de dépasser la dualité est de réintroduire un troisième élément dans notre vision. Par exemple, on peut dépasser la dualité corps-âme en réintroduisant l'esprit (à ne pas confondre avec l'intellect), ce qui correspond à la *Ruah* des Hébreux et au *nous* des Grecs. Ces notions ont d'ailleurs survécu dans certaines cultures non-occidentales. Elles y jouent un rôle essentiel pour que la spiritualité ne soit pas coupée de la vie.

3 – Mort

Si la science moderne peut concourir à changer notre regard sur la vie, qu'en est-il de la mort? La mort que, dans notre monde duel, on oppose à la vie alors qu'elle est en fait l'opposée de la naissance. La naissance est notre entrée dans l'espace-temps. La mort est la sortie du temps. La vie est d'un autre ordre, plus apparenté au *kairos* que nous évoquions précédemment. Brigitte Dutheil, conjointement avec le professeur Régis Dutheil, n'hésitent pas à écrire, en conclusion de leur livre

L'homme superlumineux: « *Puisque nous ne sommes que des projections holographiques de la conscience superlumineuse, la mort ne doit pas être autre chose que la disparition d'un hologramme sous-lumineux, et elle ne doit nullement affecter la conscience superlumineuse dont l'existence réelle se situe dans un autre espace-temps où le temps ne s'écoule pas. Dans ces conditions, la mort ne serait qu'un retour de la conscience à son état fondamental de moi total superlumineux* ».

Pour Ervin Laszlo et Jude Currivan, tout émane du champ d'information holographique, « *la matière d'où tout émane, dans laquelle tout se manifeste et à laquelle tout finit par retourner* ». Ils écrivent, dans l'introduction de leur livre *Cosmos*: « *Selon cette nouvelle vision de la nature de la réalité intégrale, l'existence humaine n'est pas un sous-produit aveugle des mutations génétiques et de la sélection naturelle, ni le simple résultat des stratégies d'auto-conservation de gènes égoïstes. Notre existence a un sens ainsi qu'un but humain, planétaire et même cosmique. Nous sommes les cocréateurs du monde autant que sa création. Notre mission humaine est de faciliter et de stimuler la dynamique entreprise d'exploration et d'évolution de l'univers, qui conduit à l'union de chaque être avec tout* ».

Comme tout dans l'univers est vibration, les morts et les vivants seraient en fait séparés par une différence de fréquences. Comme l'exprime le cardiologue hollandais Pim Van Lommel, cité par Ervin Laszlo: « *Notre conscience éveillée ne représente qu'une infime partie de notre conscience globale unifiée. Il existe également une conscience élargie plus élevée, fondée sur des champs d'information indestructibles et constants où la connaissance, la sagesse et l'amour inconditionnel sont présents et disponibles. ... Quand, finalement, à la suite du décès, qui peut s'étaler sur des heures et des jours, notre corps est définitivement mort, seule la matière morte reste alors. Et nous sommes devenus une partie de cette conscience éternelle cosmique, ou nous ne pouvons qu'être en contact avec elle ».* Cette « mort définitive » se produit en général plusieurs jours après la mort « officielle », généralement assimilée à la fin de toute activité décelable du seul cerveau.

On peut donc mourir l'esprit tranquille quand on a réalisé ce qu'on avait à faire ou à être. Surgit alors le moment où l'on peut sortir du temps et retourner à l'Un. Nul scientifique n'oserait affirmer que c'est le pur hasard qui détermine ce moment-là. Il semble cependant que ce passage ne se fait pas toujours sans anicroches et que certains êtres, une fois libérés de leur corps physique, demeurent encore perdus dans notre virtualité actuelle. On peut se demander si les divers comités d'éthique ou consultations populaires sur l'euthanasie ont une conscience lumineuse de ce dont ils parlent et de la diversité des situations où chaque être humain a à tracer sa voie en accord avec ses croyances du moment.

4 – Énergie sombre

« Un certain nombre de cosmologistes considèrent actuellement que notre univers sous-lumineux est un trou noir. Régis Dutheil a repris cette idée dans le cadre d'une relativité étendue aux vitesses superlumineuses et a montré qu'effectivement notre univers entier ne serait qu'un trou noir ayant un rayon de quelques dizaines de milliards d'années-lumières, mais qu'à l'extérieur de ce trou noir l'espace temps serait superlumineux. Cet extérieur ne serait pas autre chose que le monde de la conscience qui se confond avec la matière superlumineuse ». Dans ce trou noir, nous serions appelés à être lumière.

Mais d'autre part, *"la théorie couramment acceptée de la nature et de l'histoire de l'univers peut rendre compte d'environ 4% de la matière et de l'énergie impliquées par l'observation, et le reste, 96%, manque!"* En fait, ce 96% serait sans doute de l'énergie sombre dont l'existence n'a été découverte qu'en 1998, même s'il y a vingt-cinq siècles, le cabalistes en avait le pressentiment, la seule différence étant que pour eux l'inconnaissable représentait 99% de l'univers au lieu des 96% actuels. Avaient-ils une vision trop limitée de l'univers connaissable ou est-ce que leur chiffre se révèlera plus exact car provenant d'une source plus consciente? L'avenir le dira peut-être mais d'ici-là science et spiritualité peuvent continuer à cheminer en s'aidant mutuellement. Comme le disait Albert Einstein: *« La science sans la religion est boiteuse et la religion sans la science est aveugle ».* Encore faut-il que la religion se nourrisse de la spiritualité plutôt que de l'étouffer au nom de la raison ou d'autres intérêts qui n'ont de spirituels que le nom.

Science, spiritualité et mystique n'ont pas fini de s'interroger sur les mystères de la nature et sur ceux des êtres humains que nous sommes. Tout à priori est opposé à la démarche scientifique, qu'il s'agisse d'à priori matérialistes ou d'à priori religieux. L'évolution actuelle de la conscience semble ouvrir la voie à une collaboration plus harmonieuse des visions scientifiques et spirituelles. La tâche assignée à l'humanité est immense pour découvrir qui elle est et ce qu'elle est appelée à devenir. L'être humain est encore en projet et bien des sciences et des religions ont encore à s'en convaincre. Espérons qu'elles sauront de mieux en mieux collaborer dans cette recherche qui nous concerne tous.

Pour continuer la réflexion:
-Gregg Braden. *La divine matrice*
-Gregg Braden. *La guérison spontanée des croyances*
-Bruce Lipton. *La biologie des croyances*
-Régis et Brigitte Dutheil. *L'homme superlumineux*
-Barbara Ann Brennan. *Le pouvoir bénéfique des mains*
-Barbara Ann Brennan. *Guérir par la lumière*
-Ervin Laszlo. *Science et Champ Akashique* 2 tomes

-Ervin Laszlo et Jude Currivan. *Cosmos*
-David Bohm. *Wholeness and the implicate order.* (La traduction française est épuisée)
-Yehuda Berg. *The power of Kabbalah*
-Jean R. Rousseau. *Le baptême par le feu*
-Amaru Emoto. *L'eau, mémoire de nos émotions*
-Sri Aurobindo. *La vie divine*
-Lama Anagarika Govinda. *Les fondements de la mystique tibétaine*
-Doc Childre et Howard Martin. *L'intelligence intuitive du coeur*

19. La Bible : mythe-histoire

Beaucoup de Chrétiens sont scandalisés par certains textes de la Bible. Je pense que cela vient de ce que de nombreux textes de l'ancien Testament ont, entre autres, un caractère mythique. Cela peut créer des malentendus graves si on aborde le mythe avec un esprit masculin alors que le mythe est une émanation du pôle féminin de l'humanité. En Occident, le mot mythe a facilement une connotation péjorative et on pense qu'un récit est soit mythe, soit histoire, l'un excluant l'autre. Pour moi et beaucoup d'autres, il est mythe–histoire. Comme le dit le rabbin Marc-Alain Ouaknin: « L'histoire se veut objective, masculine, et elle oublie le féminin. Le mythe est le côté féminin de l'histoire ». En d'autres termes, il y a la Vie telle qu'on la voit de l'extérieur, et c'est l'histoire; il y a la Vie telle qu'on la ressent dans nos profondeurs, peut-être inconsciemment, et c'est le mythe. Les mythes sont au cœur des religions dites païennes, ce qui signifie originellement « paysannes », et ces mythes sont en lien avec la Vie. Pour certains, ce qui est mythique ne peut pas être historique. Pour moi, ce qui est «réel», c'est-à-dire enraciné dans les profondeurs de l'être, ne peut pas ne pas être mythique.

Carl Jung a montré que l'âme (ou la psyché) de l'être humain moderne est malade du manque de mythes et de symboles. L'humain moderne a donc cherché à se donner de nouveaux mythes, mais certains de ceux-ci manquent de profondeur et d'universalité. C'est avec notre Féminin qu'il faut chercher à goûter le mythe, avec notre profondeur.

Il est en effet facile de développer un fondamentalisme de

la signification symbolique du mythe. Que l'on pense par exemple à ce que l'on appelle le Créationnisme, une approche littérale des mythes bibliques de création auxquels on cherche à donner une signification strictement rationnelle et historique. Le mythe, lui, n'impose pas, il propose sa tentative d'explication du monde et n'hésite pas à recourir à des personnages divins pour évoquer ce qui demeure mystérieux pour l'être humain de son époque.

Il n'y a pas de droits d'auteurs sur le mythe puisqu'il est l'expression de l'inconscient collectif; on ne doit pas l'expliquer uniquement par ce qui s'est passé 5000 ans plus tôt dans un autre pays, mais aussi par ce qui se vit dans tel pays au moment où le mythe y prend une signification nouvelle. Les mythes se complètent, chacun livr*ant une* partie des sens possibles. Car le mythe cherche à explorer les grands mystères de l'existence: la Vie et la Mort, le Bien et le Mal, l'Amour et la Haine, et à les associer à une réalité transcendante, au-delà des limitations de la raison. C'est pourquoi, pour les interpréter, il vaut mieux avoir l'aide d'un ou d'une psy que d'un théologien ou d'un historien des religions.

Pour pouvoir entrer dans l'univers du mythe et pour le goûter, je vous propose de donner congé aujourd'hui à notre raison. Non pas qu'elle ne soit pas importante, elle le serait plutôt trop et particulièrement encombrante. Un jeune poète israélien a écrit: « *Là où quelqu'un a raison, l'amandier ne fleurira pas l'an prochain* ». L'amandier, l'arbre qui annonce le printemps, le renouveau, la vie nouvelle, un surcroît de Vie. L'amandier, l'arbre qui dans le livre du prophète Jérémie (Jr 1, 11-12) est le symbole de la Parole de Dieu à l'œuvre dans le monde. La raison peut arrêter la marche de la Vie. La sagesse juive, quant à elle, déclare: « *Quand le Messie viendra, il sera celui qui n'a pas raison* ».

Pour entrer dans l'univers du mythe, il pourrait être bon également de nous débarrasser, temporairement, de notre morale, celle qui nous a été imposée de l'extérieur, notre connaissance apprise du Bien et du Mal. L'un des mythes bibliques de création parle justement de cette connaissance du Bien et du Mal en suggérant que l'on évite de se l'approprier, de la manger. Nous pourrions bien pendant une heure essayer de suivre ce conseil de sagesse multimillénaire que les religions semblent ignorer.

Le mythe parle personnellement à chacun et chacune de nous. Il s'agit donc de goûter ce que le mythe a à nous dire aujourd'hui. Les interprétations que je donnerai de certains épisodes des mythes bibliques sont puisées parmi les miennes, aujourd'hui. Elles seront là pour nous aider à sortir des interprétations rationnelles et patriarcales auxquelles nous sommes trop habitués. Il faudrait que nous puissions être dans l'état d'esprit d'un jeune enfant qui écoute une histoire, sans se soucier de mémoriser ce qu'il entend; même s'il le fera malgré lui au niveau inconscient.

Surtout, essayons de nous libérer de cette croyance masculine que si quelque chose est vrai, son contraire est automatiquement faux. Les symboles ont souvent deux significations totalement opposées telles que par exemple Vie et Mort. Pensons simplement à l'eau du Baptême. Il ne s'agit pas de mettre complètement la raison au rancart, mais de sortir de la conscience rationnelle qui nous aveugle au mythe; essayer d'être ce que Jean Lerède, dans son livre, *Les Troupeaux de l'Aurore*, appelle des « êtres humains du double plan », chez qui cohabitent harmonieusement le pôle masculin et le pôle féminin, le rationnel et le mythique. Entre la connaissance rationnelle et la perception <u>sensible</u> de la réalité, se situe ce que l'on peut appeler l'imagination créatrice. C'est <u>votre</u> imagination créatrice qui peut vous faire saisir ce que le mythe a à vous dire aujourd'hui et qui rejoint votre pôle féminin, votre féminin des profondeurs. Cela n'a nul besoin d'être en accord avec ce que je dirai.

Le mythe est historique au niveau de son inspiration car il part de la Vie. Mais comme il part de la Vie, il évolue avec elle et c'est ce que nous verrons tout à l'heure. On pourrait même dire, en un sens, qu'il est moteur de l'évolution. Il est gestation (symbole féminin) pour que l'histoire arrive. Il est un moyen de rêver le monde pour le faire advenir.

Dans la Bible on ne trouve pas un mythe unique mais un grand nombre de mythes, parfois imbriqués les uns dans les autres dans l'espoir de former un mythe unique. Espoir seulement car s'y affrontent aussi des écoles de pensée et de spiritualité opposées, en particulier un courant sacerdotal d'esprit plutôt masculin, c'est celui de la stricte observance, et un courant prophétique plus spirituel, plus évolutif, plus féminin.

Il n'y a pas <u>une</u> interprétation du mythe, ni de la Bible. La Torah juive, c'est Dieu qui s'adresse personnellement à chacun et chacune de nous, et personne n'a le droit de nous dire ce que nous <u>devons</u> comprendre. D'ailleurs un psaume ne dit-il pas : « Dieu a dit une parole, j'en ai entendu deux ». Pour les Juifs, la parole prononcée, en particulier par Dieu est désignée par le mot *Davaar*, un mot masculin singulier. Elle est la même pour tous. La Parole reçue, celle qui a pris chair en nous, est désignée par le mot *hadiberoth*, qui est féminin pluriel. Et cette « Torah orale », exprimée partiellement dans le Midrash et le Talmud, aux milliers de pages, est plus importante que la Torah écrite.

En outre, il y a le problème des traductions qui sont autant de trahisons du texte. Annick de Souzenelle, une auteure contemporaine fait remarquer que: « C'est l'ignorance de l'hébreu qui est cause des plus grossières confusions dans la restitution de la Torah. 'Le grec, porteur de la logique d'Aristote, dualiste, a supplanté l'hébreu et une partie essentielle du message biblique a été perdu'. » En particulier, comme nous le verrons, son message féminin.

Avant de nous concentrer sur la Bible, il convient de jeter un rapide coup d'œil à l'univers mythique dans lequel la Bible a pris la forme que nous lui connaissons. Car chaque culture, chaque civilisation ajoute sa propre contribution à l'héritage mythique provenant des périodes antérieures.

Environ dix mille ans avant notre ère, c'est le culte de la Grande Déesse qui prévaut autour du bassin méditerranéen, car c'est la femme qui est vue comme porteuse de la Vie. La Grande Déesse n'a pas de partenaire masculin. Peut-être que le rôle de l'homme dans la procréation n'était pas encore devenu une certitude pour l'humanité d'alors. Pour certains, c'était plutôt la lune qui assurait la fécondité féminine. La Triple Déesse des anciennes religions d'Afrique, d'Europe et du Moyen-Orient est à la fois Mère, Sœur et Épouse. Curieusement on retrouve ces trois états appliqués à Marie-Madeleine dans l'évangile apocryphe de Philippe.

Il faudra attendre encore 4000 ans pour qu'apparaissent des dieux à caractéristiques humaines masculines qui sont vus comme partenaires sexuels des divinités féminines. Sans faire appel à tout le Panthéon grec, on peut dénombrer plus d'une demi-douzaine de tels couples divins. Citons parmi les plus connus : Isis et Osiris (en Égypte), Tammouz et Ishtar (en Mésopotamie), Dionysos, Déméter et Koré-Perséphone (en Grèce). Dans tous les cas, le dieu mâle meurt (ou perd son énergie vitale) et il est ramené à la Vie par la déesse. À travers cette épreuve, il aboutit à une autre dimension d'être. Le mythe expliquerait donc la mort comme une condition de croissance, en nombre comme le grain qui meurt, mais aussi et surtout en qualité d'être. Dans le mythe, la mort du héros ou du dieu mâle le transforme et cette idée est reprise dans des rites d'initiation qui comprennent une mort symbolique et une renaissance à un état autre. Le Baptême chrétien ne fait pas exception. On n'est pas tellement loin du premier mythe de création dans la Bible (Gn. 1), où les premiers mots que le créateur adresse à l'être humain qu'il vient de créer sont: « Croissez et multipliez-vous ». En fait la plupart des traductions de la Bible ont remplacé le mot « Croissez » par « Soyez féconds », privilégiant la croissance en nombre et oubliant la qualité d'être (qui est du ressort du Féminin).

Comme on en est encore à illustrer les mystères de la Vie, certains établiront un lien entre ces apparitions-disparitions du dieu masculin et la géométrie variable du membre viril. Il faudra attendre le mythe de Koré-Perséphone pour qu'une déesse connaisse des alternances de présence-absence, correspondant dans ce cas au rythme des saisons. Mais peut-être que l'humanité avait acquis alors une vague conscience que la fécondité féminine comprend elle aussi des phases actives et des phases d'attente.

Pour certains experts, l'apparition de dieux masculins, et coléreux, autour du bassin méditerranéen serait due à des influences venues de l'Inde, environ 3.500 ans avant notre ère. Mais c'est aussi l'époque où se développent l'agriculture et la notion de propriété privée, source potentielle de conflits.

S'interrogeant sur la Vie, le mythe ne peut pas faire l'économie du problème du mal. Mais il s'y intéresse sans créer la dualité que nous ont transmise certains aspects du Christianisme où le Dieu ne peut faire que ce à quoi on attribue l'étiquette de Bien. Dans les mythes, le mal est l'œuvre des dieux. Pensons à Seth, le frère de la déesse Isis et d'Osiris et qui s'acharne à détruire ce dernier. Il a pour excuse qu'Osiris s'est un peu trop intéressé à sa femme Nephtys, qui est aussi leur sœur à tous les deux. Mais quand Horus, le fils d'Isis et d'Osiris veut détruire Seth pour venger son père, Isis se porte au secours de Seth et Horus se retourne contre sa mère.

Dans la Bible, le Satan est celui qui se fait barrière, afin de forcer l'être humain à franchir une étape de croissance. Pensons au mythe de Job où celui-ci a besoin d'être libéré de sa notion du Bien qui l'empêche de s'ouvrir à Dieu. Le Satan y apparaît comme ayant sa place attitrée dans ce que le récit appelle « l'assemblée des Fils de Dieu ». Ailleurs c'est Dieu lui-même, ou ce que le récit appelle l'Ange du Seigneur, qui se fait barrière. Songeons au combat de Jacob avec l'ange au gué de Yaboq, ou à celui de Moïse revenant de Madian en Égypte à l'appel de Dieu. Dans le cas de Moïse, comme dans celui de Jacob, il s'agit de se préparer à une épreuve difficile qui les attend.

Le Dieu du mythe biblique du Jardin d'Eden est Yahweh-Élohim, alliant dimension féminine et protectrice (Yahweh) et dimension masculine (Élohim), ce qui lui évite d'être surprotecteur. Il ne faut pas que l'être humain s'approprie de l'extérieur la connaissance du Bien et du Mal. Cette connaissance extérieure, donc par l'intellect, se traduirait en une morale et l'être humain risquerait de vivre éternellement enfermé dans sa morale, au lieu de croître, de découvrir, au jour le jour, sa dimension divine et de se développer en conséquence.

C'est alors qu'intervient le serpent. Le serpent, c'est *Nahash* en hébreu, un mot qui signifie: « Celui qui conduit à la racine trinitaire de l'Être ». Dans l'entretien avec Nicodème, Jésus se comparera au serpent d'airain forgé par Moïse dans le désert et qui était symbole de salut. Dans le tarot des animaux, le serpent est l'animal de la Transmutation. Alors ne nous étonnons pas si, dans l'interdit divin concernant l'arbre de la connaissance, on peut traduire: « Si tu en manges, tu mourras » ou: « Si tu en manges, tu muteras », tu te transformeras. Mais au fond c'est la même chose; n'avons-nous pas déjà souligné que, dans le mythe, la mort ne va pas sans mutation, transformation pour être plus. Jung quant à lui avait remarqué que les rêves où apparaissait un serpent étaient l'indice qu'il y avait contradiction entre l'attitude de la conscience et de l'instinct. Le serpent est l'indice qu'il y a un choix à faire, parfois difficile.

Ne pas rester enfermé dans une morale, Benoît XVI ne dit pas autre chose dans son encyclique *Spe salvi*: le Bien est à découvrir au jour le jour, en fonction des circonstances. C'est au paragraphe 24 de l'encyclique.

Puisque cette question du Bien et du Mal nous a fait aboutir dans le second mythe biblique de création, restons-y encore quelques trop courtes minutes pour explorer ce qu'il nous dit du masculin et du féminin. Dieu a façonné, à partir de la poussière du sol, un être humain, un terrien, appelé le Adam, du nom de la terre dont il est formé, en hébreu la *Adamah*. Le mythe ne parle pas du genre du Adam, le mot désignerait la race humaine, mais il est dit que Dieu veut lui donner comme aide un vis-à-vis et qu'il ne peut y parvenir à partir de cette même poussière de la terre. Tous ses essais dans ce sens ne donnent que des animaux. Alors Dieu plonge le Adam dans un sommeil profond, qui évoque l'inconscient, et va chercher dans la profondeur du Adam de quoi former ce vis-à-vis. Il ne s'agit pas d'une côte, ce qui évoquerait quelque chose de superficiel. Non, Dieu doit refermer la chair dans sa profondeur. Or, qu'y a-t-il dans la profondeur du Adam qui ne soit pas fait de la poussière du sol, sinon le souffle divin qui lui a donné la Vie, l'Esprit de Dieu qui fait qu'il est créé pour être à la ressemblance de Dieu? Cette aide est d'abord appelée *Isha* et le Adam dit qu'elle est son chemin, l'os de ses os et la chair de sa chair. Elle est le rappel de ce qu'il est appelé à être, qu'il soit homme ou femme. Elle est le pôle féminin de l'être humain. Retenons ce nom *Isha*. Nous allons le retrouver plusieurs fois.

Pour certains courants de la pensée juive, l'être humain a un genre biologique, homme ou femme, et une âme androgyne, masculine-féminine où idéalement le masculin et le féminin sont unifiés. Cette conception rejoint l'androgynie de certains dieux mythiques. Le Dieu de la Bible n'y échappe pas. Un des noms du Dieu des Juifs est *Yah*. Il peut nous paraître inhabituel et pourtant nous le trouvons dans nos *Alleluia*. Ce mot *Yah* unit la lettre *Yod*, symbole masculin et la lettre *Hé*, symbole féminin. *Yod* signifie aussi "semence" et *Hé*, "ouverture, porte". Le Saint des Saints du Temple était vu par certains comme la chambre nuptiale de Dieu et de sa *Shékinah*, sa présence féminine dans le monde. Le Dieu Un des Juifs ne peut pas être Père seulement, il faut aussi qu'il soit Mère s'il veut être source de Vie.

Les grands mystiques chrétiens qui se sont approchés le plus de l'indicible de Dieu ont pratiquement tous eu l'occasion d'équilibrer leur polarité masculine ou féminine par le contact avec une personne du sexe opposé. Que l'on pense à Benoît et Scholastique, François d'Assise et Claire, Jean de la Croix et Thérèse d'Avila. Quant à Maître Eckhart, il s'est trouvé au contact du courant de renaissance du Féminin au Moyen-âge. Le Dieu du Masculin est celui des philosophes et des théologiens qui cherchent à expliquer et à définir. Le Dieu du Féminin est Absence, désir de l'Autre (avec un grand A), appel à plus être. C'est *Yahweh*, le Dieu qui advient, qui est « happening » (c'est le sens du mot *Yahweh*) et qui accompagne notre quête de l'Autre.

Revenons au second mythe de création de la Bible et à l'arbre de la connaissance du Bien et du Mal. Nous avons suggéré que le fruit de l'arbre représentait une connaissance rationnelle, donc de type masculine et il est normal qu'il soit tentant pour *Isha*, l'aide du Adam. Car la création d'*Isha* peut être vue comme la naissance de la conscience de l'humanité; conscience de ce qu'elle est appelée à être et non pas du chemin pour y parvenir qui ne s'apprend que dans la Vie. Mais il est tellement plus tentant d'avoir des recettes extérieures, avec lesquelles on peut tricher un peu, que de chercher en soi. Avec soi-même, il est moins facile de tricher. *Isha* mange du fruit. Elle se met sous le pouvoir du rationnel (« Il dominera sur toi », dit le texte), au détriment de ses intuitions profondes. Mais alors elle n'est plus le vis-à-vis, le miroir de cet appel à devenir. Le Adam changera son nom. Il la renomme Ève, c'est-à-dire la Vivante, car elle est la mère de tous les vivants. Le nom d'Ève, *Hawah* en hébreu, n'a même pas autant de force que le mot *Hayah* qui lui aussi signifie « vivant » et qui désignait plus tôt dans le texte ces âmes vivantes que sont les animaux. Ève n'est plus que la reproductrice du genre humain. Elle a cessé d'être sa conscience, son appel à être. L'appel à croître dont nous parlions tout à l'heure est devenu appel à la fécondité et les traductions actuelles de la Bible continuent à refléter cette défaite du Féminin.

Mais *Isha* demeure *Isha* et le mythe précise bien que c'est le Adam, comprenons le corps physique qui retourne à la poussière et non son *Isha* qui n'est pas tirée de la poussière et n'y retourne pas. Par contre elle souffre pour donner naissance à l'humanité rêvée par Dieu où Masculin et Féminin, raison et intuition seraient équilibrés harmonieusement.

Nous avons sans cesse à chercher la signification mythique de l'histoire et également la signification symbolique du mythe pour l'histoire, notre histoire. Là encore il ne faut pas oublier d'équilibrer le Masculin et le Féminin. Par exemple certains s'interrogent sur la raison pour laquelle, dans la Bible, un certain nombre de femmes stériles engendrent finalement durant leur vieillesse. Parmi eux, il y en a qui proposent une explication, historique, dans le fait que dans la chaîne de l'évolution, l'être humain est le dernier à apparaître, après les animaux. Il n'y a pas besoin d'un mythe pour découvrir cela; la science y suffit. Cherchons donc une autre explication. Remarquons tout d'abord que toutes ces naissances tardives concernent des personnages importants dans le mythe: Isaac, Joseph, fils de Jacob et de Rachel, Samson, Samuel, et finalement Jean-Baptiste. Prenons le cas d'Isaac qui est le mieux explicité dans la Bible. On connaît l'histoire: ceux qui deviendront ses parents s'appellent Abram et Saraï. Le nom Abram signifie « Père élevé », sur son piédestal, et Saraï signifie « Ma princesse ». Ils ne peuvent enfanter. Puis l'un et l'autre changent de nom, signe qu'ils ont vécu une évolution. Abram devient Abraham par l'adjonction à son nom d'un « h », le *hé* hébreu dont nous disions tout à l'heure qu'il s'agissait d'un symbole féminin. Abraham signifie « Père de la multitude ». Saraï, quant à elle, perd le *Yod* masculin qui contrôlait son nom (elle avait été la princesse de son père avant de devenir celle de son mari) et ce *Yod* contrôlant est remplacé par un *hé* féminin. Elle peut maintenant être elle-même, Sarah, avec un « h » à la fin, nom qui signifie « Princesse ». On peut d'ailleurs écrire Abraham comme la combinaison de *Ab*, le Père et de *Raham* dont le pluriel désigne les entrailles féminines, l'utérus. Le Père-Utérus est celui qui peut être appelé le « Père des Croyants », celui qui engendre des êtres conscients qu'ils sont appelés à croître.

Avant cette évolution, le couple aurait peut-être pu engendrer un enfant à un niveau strictement biologique; mais pas engendrer le sauveur ou le prophète qui avait à être engendré à un autre niveau d'être. Le mythe donne la signification de ce qui s'est passé historiquement dans la croissance de l'humanité: la prise de conscience que pour engendrer des êtres qui marqueront positivement l'évolution de l'humanité, il faut soi-même avoir vécu une évolution intérieure vers plus de féminin. Si cela apparaît alors dans le mythe, cela signifie que cet appel à la transformation est alors passé de l'inconscient à la conscience, ce qui a permis son expression verbale

Pour Jean Lerède, le héros mythique, symbole de l'avenir de la race humaine, n'est pas le produit du conscient (masculin) mais de l'inconscient (féminin). Cette remarque nous amène à parler des naissances virginales qui ne manquent pas dans les mythes. Soit que les dieux ou les déesses soient androgynes, réunissant en eux les deux sexes, soient que les déesses soient fécondées non sexuellement par une autre entité divine.

Ne me demandez pas si la conception virginale de Jésus est historique ou mythique, ou les deux. Mais le fait qu'il soit né d'une femme et de l'Esprit, qui pour les Juifs est féminin lui aussi, le prédispose certainement, puisque le Féminin est le niveau de l'être, à être celui qui pourra affirmer: « JE SUIS », ce qui est le nom même de Dieu.

Le Nouveau Testament a, lui aussi, au moins partiellement, un caractère mythique. En particulier l'Évangile de Jean, sans parler bien sûr de l'Apocalypse. Ce qui n'empêche pas l'Évangile de Jean d'être, par certains côtés, très historique. Le Prologue, l'introduction à cet Évangile de Jean parle de ceux qui accueillent Jésus, Parole de Dieu, et à qui il donne le pouvoir de devenir Enfants de Dieu; pas de le redevenir après une lointaine chute. Le texte ajoute: « Ceux qui accueillent Jésus-Parole n'ont été engendrés ni du sang, ni d'un vouloir de Chair, ni d'un vouloir d'homme, mais ils sont engendrés de Dieu ». En quelque sorte, il leur est reconnu, symboliquement, à eux aussi une conception virginale, donc un appel à dire « Je Suis », à vivre pleinement leur filiation divine. Matthieu exprimera cette même importance du Féminin dans la conception de Jésus en introduisant le nom de quatre femmes dans la généalogie de Jésus. Cela constitue une anomalie par rapport à la culture du temps. Ces femmes sont surtout des étrangères. C'est comme si le récit voulait signifier qu'en Jésus, c'est l'inconscient collectif de toute l'humanité qui s'incarne pour révéler à l'être humain ce qu'il est appelé à être. Jung dira de Jésus qu'il est le Seigneur du monde intérieur, c'est-à-dire de l'inconscient collectif.

Jésus n'a pas dit: « Je suis venu pour dire la Vérité » mais pour être la Vérité, pour rendre témoignage à la Vérité, cette vérité de la Vie dont le Nouveau Testament cherche à être le Témoin. Jésus a vécu les Béatitudes plus qu'il ne les a prononcées. Leur expression verbale appartenait sans doute déjà à la tradition juive au moins pour les huit premières. Elles sont la charte du Féminin, car elles se situent au niveau de l'être. L'originalité de Jésus a été de les vivre et de se laisser transformer par cette sagesse qui l'a conduit à la Croix et à la Résurrection.

Les Évangélistes ont cherché à transmettre ce qu'avaient ressenti les gens qui avaient vécu de longs mois au contact de Jésus. Exprimer du ressenti: on est plus au niveau de l'expression mythique que du récit historique. Par exemple Jean s'est laissé émouvoir par l'attitude de Jésus vis-à-vis des femmes, attitude qui était à contre-courant de la culture de l'époque. Il exprime cela en mettant en scène la rencontre de Jésus avec la Samaritaine. On imagine mal Jésus faisant après coup à ses disciples le récit de cette rencontre qui n'a pas eu d'autres témoins. Dans le genre: « Et alors elle m'a dit...et j'ai répondu, etc. ». La Samaritaine a besoin d'un homme ou d'une femme qui la comprenne, qui donne sens à ses aspirations, à ses soifs. Mais Jésus, lui aussi, s'abreuve et se nourrit de la triple soif de la Samaritaine: soif d'Eau, symbole de Vie; soif d'Amour dans une relation épanouissante; soif de Dieu. La Vie, comme nous l'avons dit, est l'origine du mythe, l'Amour en est le centre (que l'on pense à l'amour conjugal d'Isis ou à l'amour maternel de Déméter), Dieu en est l'aboutissement, le sens. Y a-t-il eu une rencontre historique de Jésus avec une Samaritaine, je ne saurais le dire, mais, selon Jean, l'accueil des soifs du Féminin fait partie du message historique de Jésus.

Le mythe s'est prolongé au-delà des écrits du premier siècle de notre ère qui constituent le Nouveau Testament des Bibles chrétiennes. En particulier un mythe a nourri l'imaginaire chrétien depuis près de vingt siècles et sa dernière version à date est le *Da Vinci Code*. Je veux parler du mythe de Marie-Madeleine. Comme Marie signifie en hébreu dame, souveraine, Marie-Madeleine, ou Marie de Magdala pourrait signifier la Grande Dame, la Magnifique Souveraine. Elle serait comme un archétype pour désigner le Féminin et de nombreuses voix dans l'Église, parmi lesquelles Grégoire le Grand et Thomas d'Aquin, n'hésitent pas à dire que les diverses Marie de l'Évangile, autres que la mère de Jésus, ne sont qu'une seule et même femme. Ces diverses femmes sont: Marie de Magdala, Marie sœur de Marthe et de Lazare et la pécheresse au parfum. "On répètera en mémoire d'elle ce qu'elle a fait", dit l'Évangile, comme on répétera la Cène en mémoire de Jésus. Beaucoup reconnaîtront Marie-Madeleine dans la Sulamite mythique, l'Amante du Cantique des cantiques, dont la liturgie fait lecture le 22 juillet, jour de la fête de Marie-Madeleine. Marie-Madeleine pleure la perte de son maître bien-aimé, comme les déesses antiques pleurent abondamment leur époux (Isis) ou leur fille (Déméter). On a parfois l'impression que, comme pour ces personnages mythiques, c'est l'Amour de Marie-Madeleine qui ramène le Christ à la Vie, le fait ressurgir du séjour des morts. Elle est la première messagère de la Résurrection, la fondatrice du Christianisme, diront certains. C'est peut-être parce qu'elle aurait été possédée du démon qu'elle peut maintenant unir le Ciel et l'Enfer.

Alors il y a une légende de Marie-Madeleine qui, surtout dans le sud de la France, se perpétue jusqu'à nos jours et qui, occasionnellement, se recoupe avec la légende du Graal. Le Graal, coupe où aurait été recueilli le sang du Christ, est un symbole féminin, contenant du sang, symbole de Vie. Ceux qui cherchent à retrouver le Graal, selon la légende, ce sont les Chevaliers de la Table Ronde, c'est-à-dire ceux qui acceptent un monde d'esprit féminin, sans hiérarchie.

Une psychanalyste française, France Schott-Billmann, s'est interrogée sur le succès phénoménal du *Da Vinci Code*. Pour elle il ne peut s'agir seulement du talent de l'auteur ni d'une simple curiosité pour la vie intime de Jésus. Si le livre, malgré ses défauts, a remporté un tel succès, ce serait parce qu'il vient compenser le refoulement du Féminin sacré en Occident depuis les premiers siècles du Christianisme et, du même coup, le déficit du Féminin chez les hommes et les femmes de notre monde. Bien sûr, le Christianisme a mis en évidence la figure de la Vierge Marie, mais c'est uniquement une figure maternelle, alors que la Grande Déesse, comme nous l'avons dit, était tout à la fois mère, sœur et épouse. Marie est la nouvelle Ève, dont nous avons signalé l'aspect uniquement maternel, et non pas la nouvelle *Isha*, l'Épouse.

Dan Brown a, de façon évidente, trouvé son inspiration dans le livre de Margaret Starbird intitulé *The Woman with the Alabaster Jar, (La Femme au vase d'albâtre)*. Je ne pense pas qu'il ait été traduit en français. Le livre de Margaret Starbird commence par un récit, qu'elle qualifie de fictif, où Marie-Madeleine, enceinte de sa relation avec Jésus, fuit Jérusalem où sa vie est en danger; elle fuit avec l'aide de Joseph d'Arimathie. Celui-ci veut protéger la descendance de Jésus, qu'il ne peut envisager que masculine. Mais, oh surprise, l'incroyable se produira et ce sera une fille qui naîtra.

Pour France Schott-Billmann qui, d'après son nom, doit être juive, quelle qu'ait été la relation entre Jésus et Marie-

Madeleine, elle avait certainement une dimension très spirituelle. Ce qui permit à Marie-Madeleine de reconnaître Jésus ressuscité. La descendance spirituelle de Jésus ne peut être ni au niveau du pouvoir, ni au niveau de la raison. Elle ne peut être que d'esprit féminin et c'est là le message final du *Da Vinci Code*, après de nombreuses péripéties qui, elles, n'ont pas forcément un sens mythique.

Une lecture mythique du récit de la résurrection de Lazare amène à la même conclusion. Y a-t-il eu, historiquement, une résurrection de Lazare dont les autres évangélistes auraient omis de parler? Ou bien s'agirait-il de la résurrection d'un certain Simon-le-lépreux dont l'évangéliste Jean aurait changé le nom pour fin de symbolique? Car Lazare, c'est le même nom qu'Elzéard ou encore *el Ezer,* et *Ezer* c'est le mot qui dans le mythe de création désigne cette aide que Dieu donne au Adam et qu'il appelle *Isha*, Épouse. Nous avions suggéré qu'elle représentait son Féminin. Symboliquement, cette résurrection du Féminin vient clore la Vie publique de Jésus et provoquer sa mort.

Comme par un hasard mythique, nous retrouvons cette même *Isha*, l'Épouse dans les derniers versets de l'Apocalypse, et donc de la Bible. Le texte vient d'évoquer la Jérusalem céleste de la fin des temps. On y lit: « L'Esprit et l'Épouse disent 'Viens'. Que celui qui entend dise 'Viens'. 'Viens', 'Viens', comme deux amants qui s'appellent à L'Amour. Saurons-nous dire 'Viens' au Féminin et à L'Esprit? » Le texte continue: « Que celui qui le veut [c'est-à-dire l'homme ou la femme de désir] reçoive l'eau de la Vie, gratuitement ».

Certains et certaines penseront peut-être que cette lecture mythique et donc d'esprit féminin fait la place trop belle aux femmes. N'oublions pas la mise en garde de Simone de Beauvoir: « On ne naît pas femme, on le devient ». Dans notre civilisation d'esprit masculin, il n'est pas facile, même pour la plupart des femmes, de développer son pôle féminin. Réintroduire dans notre monde une lecture mythique et donc féminine de la Bible est une bataille à contre-courant. Ce fut celle de Jésus de Nazareth. Ce peut être la nôtre aujourd'hui et pour longtemps. Nous avons encore à ajouter un chapitre au mythe. Ceci pour rejoindre les interrogations profondes et les soifs de sens des hommes et des femmes de notre temps.

Quand on voit l'évolution récente de la physique et de la biologie, on peut espérer que les scientifiques s'uniront aux mystiques pour écrire avec nous ce nouveau chapitre de la croissance de l'humanité.

20. Les « Piliers » de la Paix

« Il n'y a pas de paix parce que bâtir la paix est au moins aussi coûteux que de faire la guerre, aussi exigeant, aussi dérangeant et aussi susceptible d'être cause de rejet, d'emprisonnement et de mort. »
Daniel Berrigan.

Ces propos de Daniel Berrigan, cités en exergue et qui sont le fruit de son expérience personnelle, laissent entendre qu'on ne s'improvise pas bâtisseurs de paix. C'est sans doute ce qui avait amené Lanza del Vasto à résumer sa propre expérience dans un texte où il parlait des fondements de la paix, dont quatre semblent les plus importants : la Vérité, la Justice, l'Amour et la Liberté. Il avait envoyé copie de ses réflexions au Pape Jean XXIII en lui faisant remarquer que ce genre de texte, essentiel peut-être à l'avenir de notre monde, aurait plus de poids s'il était repris sous une forme qui serait revêtue de son autorité papale. Et c'est ainsi que quelques mois plus tard, en avril 1963, paraissait l'Encyclique « Pacem in terris » (La paix sur la terre), publiée en français sous le titre : « Sur la Paix entre toutes les nations. Fondée sur la vérité, la justice, la charité et la liberté ». Un peu plus tard, Lanza del Vasto publia, en une soixantaine de pages, un commentaire de l'encyclique intitulé : « Les quatre piliers de la paix ».

Lanza del Vasto était disciple de Gandhi qui a payé de sa vie sa lutte pour bâtir un monde de paix. Il ne cherche pas à bâtir une morale à l'usage de l'humanité entière, un nouvel ordre mondial, tout en restant lui-même à l'abri d'un bouclier nucléaire. Il est conscient qu'il est plus difficile de bâtir la paix que de dire non à la guerre. La paix ne se mesure pas à l'absence de guerre. Il existe beaucoup de paix illusoires, de fausses paix.

Il y a quelques mois, 60% des Canadiens approuvaient la position du premier ministre Harper sur la guerre au Liban. Même si ce pourcentage n'était que de 40% parmi les Québecois, c'est là néanmoins la preuve que notre réputation de peuple qui contribue à la paix dans le monde est sans doute chose du passé. Pour ne pas jouer le rôle d'apprentis sorciers lors de nos efforts en faveur de la paix, prenons le temps de voir sommairement sur quoi il paraît raisonnable de la fonder.

1. La Vérité

Il n'y a pas besoin de remonter très loin dans l'histoire pour voir comment le mensonge est utilisé pour justifier les guerres. C'était même pathétique, au début de mars 2003, de voir Colin Powell chargé par l'Administration américaine de convaincre le Conseil de Sécurité de l'ONU de la présence d'armes de destruction massive en Irak. Il n'était visiblement pas assez convaincu pour être convaincant et souffrait d'avoir à défendre ce dossier inepte devant des dizaines de millions de téléspectateurs.

Mais la Vérité qui est pilier de la paix n'est pas simple absence de mensonge, même si le mensonge fausse la démocratie qui pourrait contribuer à la paix. La Vérité n'est pas non plus cette vérité absolue que proclament certaines religions et certaines idéologies et qui a été utilisée depuis des millénaires et encore aujourd'hui pour justifier tant de guerres. Cessons de tuer au nom d'une quelconque vérité et reconnaissons avec Gandhi que personne ne possède la vérité tout entière, mais qu'au contraire chacun de nous possède une part de vérité, et aussi une part de non-vérité. De la même manière qu'il n'y a pas, selon le maître bouddhiste Thich Nhat Hanh de « *frontière claire entre la violence et la non-violence. La non violence est un esprit, une direction qui oriente la vie* ».

La Vérité qui peut être un des piliers de la paix est une vérité de l'être et de la conscience, et pas seulement une vérité de la pensée. « *Le dedans comme le dehors* », selon la formule de Lanza del Vasto. La Vérité de notre être est nue, capable de rejoindre chaque être humain dans sa propre Vérité. Elle n'a pas à entrer dans le corset des mots qui limitent, déforment et souvent meurtrissent. Par contre, nous allons la retrouver associée aux autres piliers de la paix sur lesquels nous portons maintenant nos regards.

2. La Justice

Nouvelle ambiguïté avec le mot justice. Nous participons en ce moment à la guerre en Afghanistan, guerre déclarée originellement pour amener devant la justice, notre justice, les instigateurs des attentats du 11 septembre 2001. Les victimes collatérales de ce genre d'opération de « justice » se comptent par centaines de milliers. Ne serait-il pas plus simple et plus logique de poursuivre en justice ceux qui ont originellement entraîné les talibans à mener des opérations terroristes?

La Justice dont nous voulons parler ici n'est pas une justice où la moitié de la population mondiale souffre de la faim alors que d'autres livrent un combat sans espoir contre l'embonpoint. Elle serait plutôt de l'ordre de l'équité, du partage et du respect des droits humains. Mais qui établira les critères de ce qui est équitable et de ce que sont les droits humains? On voit d'abord apparaître ces derniers dans la Constitution américaine, rédigée par un tout petit groupe de riches politiciens et hommes d'affaires. Quelques années plus tard la Déclaration des droits de l'homme et du citoyen, lors de la Révolution française de 1789, faisait peu de cas des femmes. Deux ans plus tard, une femme, Olympe de Gouzes, se risquait à rédiger les droits de la citoyenne. Elle a été ridiculisée, avant de finir sur l'échafaud.

La Déclaration universelle des droits de l'homme de 1948 représente sans doute un progrès, mais elle reste marquée par la civilisation occidentale. En 1977, les Six Nations prenaient position devant les Organisations non-gouvernementales des Nations-Unies à Genève : « *Les peuples indigènes traditionnels ont le pouvoir de renverser le processus en cours dans la civilisation occidentale, qui nous fait entrevoir un inimaginable futur de souffrances et de destruction. Le spiritualisme est la forme la plus haute de conscience politique. Et nous, Peuples indigènes de l'hémisphère occidental, sommes parmi les derniers dans le monde à posséder cette conscience. Nous sommes ici pour faire connaître ce message.* » Je ne sache pas que leur message ait influencé les diktats économiques du Fonds monétaire international.

Dans un mode en évolution, la Justice et les droits se doivent d'être eux aussi en constante évolution. Et cette évolution doit être gouvernée par l'Amour qui est un autre pilier de la paix selon la définition de Lanza del Vasto et de Jean XXIII.

3. L'Amour

Parmi les quatre piliers de la paix dont nous avons donné la liste, l'Amour est sans doute celui qui a le moins été faussé pour justifier les guerres; même si l'amour de la patrie n'est pas toujours innocent de toute dérive belliqueuse.

Nous vivons à une époque où l'idéologie du marché cherche à promouvoir la guerre économique comme seule façon de faire régner l'ordre dans notre monde et d'y promouvoir le « progrès » et la « civilisation ». Or la guerre économique fait plus de victimes dans le monde que les guerres militaires. Mais ces dégâts collatéraux sont très peu médiatisés; s'ils le sont, les responsables désignés sont les victimes elles-mêmes.

Une lueur d'espoir nous vient depuis quelque temps d'Amérique du Sud où ces mêmes victimes semblent vouloir s'organiser pour rejeter le carcan du marché et tenter d'inventer une civilisation de la solidarité et du partage. Solidarité et partage, deux autres mots pour désigner l'Amour. La notion de bien commun est assez étrangère à nos mentalités d'Occidentaux, à l'exception notable de Québec Solidaire. Là où la notion de bien commun existe, elle est généralement limitée à un village, une ville, une région, voire un pays. Or voici que certains cherchent à lui donner une dimension internationale. Il existe enfin un espoir de sortir de nos égoïsmes ethniques ou nationaux.

Les peuples que l'on croit moins développés que nous peuvent nous aider à faire l'expérience des liens qui unissent tout sur la terre. Comme le disait déjà le Chef indien Seattle il y a 150 ans : « *Toutes choses sont liées comme le sang qui unit une même famille* ». Il ne parlait pas uniquement des êtres humains. Plus récemment, Jamake Highwater, un autre amérindien, remarquait : « *Les relations tribales des Indiens ne sont jamais fondées sur la tolérance des autres, mais bien sur l'expérience du moi comme partie des autres.* » La science moderne nous apporte la preuve de cette interconnexion entre tous les êtres. L'Amour n'est donc plus seulement un beau sentiment que prêchent certaines religions. Il est en passe d'être reconnu scientifiquement comme le ciment nécessaire à l'élaboration d'un monde qui se survivrait à lui-même. Et il apparaît plus clairement que l'opposé de l'Amour n'est pas la haine, mais l'indifférence.

4. La Liberté

Aussi bien chez Lanza del Vasto que chez Jean XXIII, les considérations sur le pilier Liberté sont beaucoup plus succinctes que celles consacrées aux autres piliers de la paix dont nous venons de parler. Comme si, en 1963, les mots manquaient encore pour parler de liberté, thème que les institutions étatiques ou religieuses ont toujours considéré comme dangereux. Sans doute a-t-il fallu attendre 1968 pour libérer au moins le langage.

Par ailleurs, il faut bien reconnaître que la liberté est en quelque sorte un mystère, en lien avec le mystère de chaque être humain. Le Président Théodore Roosevelt écrivait, au début du vingtième siècle, une prière dont j'extrais les mots suivants : « *Dieu des hommes libres ... Nous sommes tous fils de la Terre : accorde-nous d'avoir cette simple notion. Si nos frères sont opprimés, nous aussi sommes opprimés. S'ils ont faim, nous avons faim. Si leur liberté est détruite, notre liberté n'est pas sûre.* » Cela ne l'a pas empêché de mener des guerres coloniales, car il y a souvent loin de la prise de conscience à la transformation intérieure. On a fait beaucoup de guerres au nom de la liberté, pour en général mieux retomber en servitude, car la vraie Liberté est d'abord et avant tout une liberté intérieure. Le mystique hindou Sri Aurobindo parle d'« *un être libéré de toute loi construite, bien que sa vie soit un accomplissement de toutes les vraies lois du devenir de l'homme dans l'essence de leur signification.* » Quand à Jamake Highwater, il remarque que « *la liberté n'est pas le pouvoir de s'exprimer à notre guise, mais le droit beaucoup plus fondamental d'<u>être</u> soi même.* »

Devenir artisan de paix est une transformation de tout notre être et c'est pourquoi il est peut-être nécessaire d'être Vérité, d'être Justice et d'être Amour avant de pouvoir se reconnaître comme être libre. Ne nous faisons pas d'illusions. Les êtres vraiment libres sont intolérables aux puissants. Car même sans rien dire et sans rien faire, par le simple fait qu'ils <u>sont</u>, ils dénoncent le mensonge, l'injustice et l'indifférence. En outre, ces êtres libres ne sont pas asservis à leurs peurs, ces peurs qui sont si souvent exploitées pour justifier les entreprises guerrières. « Tous les hommes naissent égaux et libres », dit la Déclaration universelle des Droits de l'homme de 1948. Si nous regardons la réalité quotidienne, il ne s'agit certainement pas d'une égalité ni d'une liberté au niveau de l'avoir. Quant à la liberté d'être, même si elle est officiellement reconnue, elle demeure le résultat d'un combat, par des moyens pacifiques, contre tout ce qui nous empêche d'être nous-mêmes, y compris à l'intérieur de nous.

5. La Joie

Les réflexions qui précèdent sur les piliers de la paix n'étaient pas une recension des textes de Lanza del Vasto ni de Jean XXIII, dont la pensée, toujours valide, date quand même de plus de quarante ans au niveau de sa formulation. C'est pourquoi je me permets d'ajouter un cinquième pilier à leur liste, et ce pilier est la Joie.

Il y a un proverbe celtique qui dit : « *On ne doit pas donner une arme à un homme avant de lui avoir appris à danser.* » Autrement dit, avant de lui avoir appris à se tenir debout et à exprimer sa joie. Cette Joie, ce n'est pas le bonheur que l'on ressent tout naturellement quand la vie nous est favorable. « *La Joie ne vient pas du dehors, elle est au-dedans de moi quoiqu'il arrive* », affirme Jacques Lusseyran qui l'a vécue, étant aveugle, dans les camps de concentration nazis. Cette Joie qui vient du plus profond de l'être est ce qui nous permet de persévérer à travers labeur, souffrances et épreuves.

Cette Joie, une jeune femme juive, Etty Hillesum, l'a vécue en Hollande pendant la guerre alors qu'elle était victime des persécutions nazies. Bien sûr, elle vivait des jours de découragement, mais au fond d'elle-même la Joie demeurait, lui permettant de ne pas haïr ses bourreaux. C'était cela l'important, car la guerre finirait un jour et il faudrait alors bâtir la paix.

*

* *

Ces divers « fragments de paix » mériteraient d'être développés plus longuement. Cependant l'important n'est pas de les comprendre intellectuellement mais de les vivre. Comment parvenir à être Vérité, à être Justice, à être Amour, Liberté et Joie sans sombrer dans l'illusion? De fait, ces cinq piliers, pour lesquels nous avons souligné les ambiguïtés possibles, se vérifient les uns les autres. S'il manque la Vérité, est-ce que notre liberté n'est pas questionnable? S'il manque l'Amour, est-ce que notre justice n'est pas formelle? S'il manque la Joie, est-ce que nous en sommes au niveau des idées?

Certaines personnes chercheront une inspiration dans les sagesses du passé, philosophiques ou religieuses, qu'elles chercheront à dégager des déformations dues à l'usure du temps. D'autres privilégieront le dialogue, cherchant honnêtement à se voir avec le regard des autres. C'est dans ce regard que nous pouvons surtout découvrir si notre joie est conventionnelle, si notre liberté nous isole du monde, si notre amour se limite à de bonnes paroles, si notre justice est biaisée par notre culture et si notre vérité est désincarnée. Bâtir la paix se conjugue au présent. C'est jour après jour qu'il convient de vérifier si nos piliers prennent bien appui sur la Terre d'aujourd'hui. *« La paix est un travail. C'est une tâche. Il faut faire la paix comme on fait le blé. Il faut faire la paix comme il faut des années pour faire une rose et des siècles pour faire une vigne. La paix n'existe pas à l'état sauvage : il n'y a de paix qu'à visage humain. »* (Jean Debruynne).

TABLE DES MATIÈRES

PRÉFACE	v
INTRODUCTION	1

PREMIÈRE PARTIE :

Incertitudes, peurs et croyances	**9**
1. Faim de certitude	11
2. Foi et certitudes	13
3. Incertitudes et croyances	18
4. Le commerce de la peur	23
5. Qui se cache derrière le bouclier?	26
6. Peur et religion	33

DEUXIÈME PARTIE :

Les Religions : la foi institutionnalisée	**39**
7. Relier pour asservir ou pour libérer ?	41
8. Religions et cultures	43
9. Religions et Pauvreté	49
10. Éducation, religions et sciences	53
11. Parole qui tue et Parole qui libère	59
12. Rôle du christianisme dans l'évolution du monde	65
13. À propos des religions aux États Unis	72

TROISIÈME PARTIE :

Libérer la foi	**85**
14. Guerre inavouée au quotidien	86
15. Révolution religieuse ou Évolution ?	90
16. Fraternité/sororité œcuménique	96
17. Une Église pour les gens	99
18. Science nouvelle et spiritualité	101
19. La Bible : mythe-histoire	118
20. Les « Piliers » de la Paix	135

Oui, je veux morebooks!

I want morebooks!

Buy your books fast and straightforward online - at one of the world's fastest growing online book stores! Environmentally sound due to Print-on-Demand technologies.

Buy your books online at
www.get-morebooks.com

Achetez vos livres en ligne, vite et bien, sur l'une des librairies en ligne les plus performantes au monde!
En protégeant nos ressources et notre environnement grâce à l'impression à la demande.

La librairie en ligne pour acheter plus vite
www.morebooks.fr

OmniScriptum Marketing DEU GmbH
Heinrich-Böcking-Str. 6-8
D - 66121 Saarbrücken
Telefax: +49 681 93 81 567-9

info@omniscriptum.com
www.omniscriptum.com

www.ingramcontent.com/pod-product-compliance
Lightning Source LLC
Chambersburg PA
CBHW032005220426
43664CB00005B/150